Christine Bauer-Jelinek

DIE GEHEIMEN SPIELREGELN DER MACHT

Christine Bauer-Jelinek

DIE GEHEIMEN SPIELREGELN DER MACHT

und die Illusionen der Gutmenschen

Christine Bauer-Jelinek
Die geheimen Spielregeln der Macht
und die Illusionen der Gutmenschen
Salzburg: Ecowin Verlag GmbH, 2007
ISBN: 978-3-902404-41-1

Unsere Web-Adressen:
www.ecowin.at
www.bauer-jelinek.at

4 5 / 09 08 07

Lektorat: Arnold Klaffenböck
Covergestaltung: www.adwerba.at (Stephan Enzinger)
Coverfoto: Martin Vukovits (Porträt von Christine Bauer-Jelinek)
Copyright © 2007 by Ecowin Verlag GmbH, Salzburg
Gesamtherstellung: Druckerei Theiss GmbH, A-9431 St. Stefan, www.theiss.at
Printed in Austria

Inhaltsverzeichnis

Vorwort

Menschen, die ihren Illusionen über die Spielregeln der Macht erliegen, stecken laufend Misserfolge ein, ohne zu wissen, warum. Die Mechanismen einer neoliberalen Gesellschaftsordnung sind für sie ein Rätsel – doch nicht etwa, weil Systemvertreter sie so besonders geheim halten würden, sondern eher, weil sie diese nicht erkennen oder auch gar nicht kennenlernen wollen. Fast scheint es, als würden sie dem Glaubenssatz folgen, „dass nicht sein kann, was nicht sein darf".

In unserer Gesellschaft hat ein stiller Machtwechsel stattgefunden. Dieser Paradigmenwechsel von den Werten der *guten alten Welt* zu jenen, die heute in der *schönen neuen Welt* gelten, ist Gegenstand des ersten Teils dieses Buches. Er handelt davon, wie *Gutmenschen* denken, was sie für richtig halten und wo ihre blinden Flecken liegen. Ihre Gegenspieler sind Menschen, die nach den Werten des Neoliberalismus leben; sie werden hier als *Geld-Menschen* bezeichnet. Der Metapher von Gutmenschen und Geld-Menschen liegt die alte Trennung zwischen Idealisten und Materialisten zugrunde. Die Spannung zwischen diesen beiden Weltanschauungen ist nicht neu, doch es macht einen Unterschied, ob man sich dieser Frage weltanschaulich nähert oder täglich an seinem Arbeitsplatz eine Lösung dafür finden muss. Das Verständnis der Veränderungen ist eine Grundvoraussetzung für die eigene Positionierung im neuen Gesellschaftssystem. Erst wenn man diese vorgenommen hat, ergibt die Anwendung oder Ablehnung von Spielregeln einen Sinn. Die Analyse erfolgt aus der Sicht der subjektiven Alltagswahrnehmung und erhebt nicht den Anspruch auf Wissenschaftlichkeit.

Der zweite Teil des Buches umfasst drei Lektionen für Gutmenschen über die konkrete Anwendung der neuen Regeln bis hin zu den Macht-Strategien, die es erfolgreich abzuwehren oder gezielt einzusetzen gilt. Die Frage, wie Gutmenschen ihre Vision von einer besseren Welt verwirklichen können, ist dabei ebenso ein Thema wie die Gefahren, denen Herz-Beziehungen ausgesetzt sind. Wollen Gutmenschen ihre ideellen oder materiellen Ziele in der heutigen Wertewelt durchsetzen oder für ihren persönlichen Einsatz mehr Anerkennung bekommen, dann müssen sie sich notgedrungen ihren Illusionen stellen und in ihren Protest-Beziehungen wirksamere Methoden einsetzen, als sie dies bislang tun.

Die vorgenommene Kategorisierung von Menschentypen und Wertewelten soll dem besseren Verständnis dienen. Es gelingt damit leichter, Prinzipien zu erkennen, Veränderungen zu registrieren und sich selbst darin wiederzufinden. Die zugrunde liegende Macht-Theorie und die Analyse für den Paradigmenwechsel in unserem Gesellschaftssystem sind in meinen früheren Büchern (siehe Serviceteil) ausführlicher dargelegt. Meine Hoffnung ist, mit dieser Arbeit sowohl für den politischen wie für den zivilgesellschaftlichen Diskurs neue Impulse zu liefern. Vor allem aber möchte ich dem einzelnen Menschen einen klaren Blick auf die Mechanismen der Macht eröffnen.

Wenn Sie, geschätzter Leser, geschätzte Leserin, dieses Buch gelesen haben, sind die geheimen Spielregeln der Macht für Sie nicht mehr geheim. Sie werden eher eine bewusste Entscheidung treffen können, ob Sie aus dem System aussteigen, mitspielen oder sich für eine andere Gesellschaftsform engagieren wollen. Oft fehlt nur ein kleiner Schritt, um die Illusionen hinter sich zu lassen und handlungsfähig zu werden, denn jeder Mensch hat das Potenzial, seine Leistungs-, Protest- und Herz-Beziehungen erfolgreich und befriedigend zu leben.

Auf dem Weg dorthin wünsche ich Ihnen viel Erfolg und Lebensfreude.

Christine Bauer-Jelinek   Wien, im März 2007

Der heimliche Machtwechsel

*„Es ist, als würden zwei Welten aufeinandertreffen“, sagte
Wallander ...
„In der heutigen Situation wird ein ganz anderes Wissen,
ein anderer Erfahrungsschatz benötigt. Aber über den verfügen
wir nicht ...
Was vor zehn Jahren eine kriminelle Handlung war,
wird heute als harmloses Vergehen angesehen ...“*

*„Das kann nicht gut gehen“, sagte sie zögernd.
Wallander warf ihr einen Blick zu. „Wer hat je behauptet, dass es
gut gehen würde?“*

Henning Mankell

1. Kapitel

Ohne Macht geht es nicht

Macht an sich ist weder gut noch böse. Ob sie sich positiv oder negativ auswirkt, hängt davon ab, wie man mit ihr umgeht. Macht ist einfach nur ein Mittel zum Zweck, eine alltägliche, soziale Interaktion zur Durchsetzung von Interessen. Doch gerade deshalb kann ihr keiner entgehen. Es wäre eine Illusion zu glauben, dass man ohne sie auskommt. Meistens schieben wir die Tatsache, dass wir selbst ständig die Machtansprüche anderer abwehren und sogar Kämpfe ausfechten müssen, weit weg. Das ist schade, denn wer sich der Machtausübung stellt und Kompetenz erwirbt, gewinnt dadurch an Lebensqualität.

Ein Blick auf die gesellschaftliche Diskussion zeigt, dass sich die Zeichen der Beschäftigung mit dem Machtthema mehren. Sowohl in der Forschung wächst die Zahl der Arbeiten, die dezidiert den Begriff „Macht" im Titel haben, als auch in populärwissenschaftlichen Publikationen, in den Medien und bei den Fortbildungsveranstaltungen der Erwachsenenbildung. Das große Interesse am aufbrechenden Tabu fällt nicht zufällig in unsere Zeit. Einerseits löst sich jetzt erst langsam der Schock über den Machtmissbrauch im Nationalsozialismus – wie auch die späte Auseinandersetzung mit Restitutionsfragen verdeutlicht. Andererseits zwingt der Wertewandel in Wirtschaft und Gesellschaft den

Einzelnen dazu, sich erstmals bewusst oder verstärkt mit Machtfragen zu beschäftigen. Die Spannung zwischen einem christlich-sozialen Grundkonsens der mitteleuropäischen Gesellschaft und dem sich rasant ausbreitenden neoliberalen Paradigma ist nicht nur Thema von Politik und Wissenschaft, sie hat massive Auswirkungen auf unseren Alltag und unser zwischenmenschliches Verhalten.

Doch welche Mechanismen sind mit dem Machtbegriff verbunden? Die hier verwendete Definition „Macht ist das Vermögen, einen Willen gegen einen Widerstand durchzusetzen" betrachtet das Phänomen aus der Sicht des Individuums. Wenn unterschiedliche Interessen vorliegen, laufen auf dem Weg bis zur Klärung Prozesse ab, die allesamt mit Macht zu tun haben – mit ihren friedlichen Formen ebenso wie mit der kämpferischen Auseinandersetzung oder dem Rückzug. Ob Macht missbraucht oder kultiviert gestaltet wird, hängt von ihrer Legitimation ab, davon, inwiefern man zur Ausübung berechtigt ist und worauf man seine Verantwortung begründet. Äußere Legitimation ergibt sich durch die Einhaltung von Gesetzen oder durch eine Funktion, die den Rahmen bestimmt, in dem man sich beispielsweise als Ministerin, als Polizist oder Führungskraft bewegen darf. Innere Legitimation wird vom Gewissen gesteuert – die Ausübung von Macht muss man sich auch selbst gestatten.

Menschen sind selbst dort, wo eine äußere Legitimation für den Einsatz von Macht vorhanden ist, auf ihr Gewissen angewiesen. Dabei kann es zu Gewissenskonflikten bis hin zur Selbstzerstörung kommen. So riskiert der Wehrdienstverweigerer im Krieg sein eigenes Leben, weil er als Soldat zwar zum Töten legitimiert ist, es ihm die Ethik jedoch verbietet. Ein Manager riskiert seinen Job, weil er zwar berechtigt, ja unter Umständen verpflichtet ist, die Zahl der MitarbeiterInnen zu reduzieren, er aus menschlichen Gründen dazu aber nicht in der Lage ist. Die größtmögliche Kraft für sein Vorhaben kann man dann entwickeln, wenn sich äußere und innere Legitimation weitgehend in Übereinstimmung befinden.

Sozialkompetenz und Machtkompetenz

Der bewusste Umgang mit Macht steigert die Qualität in der Kommunikation und reduziert destruktives Verhalten. Wer diesen Grundsatz anerkennt, avanciert zum Machtgestalter. Machtkompetenz bedeutet, ein ganzes Bündel von Fähigkeiten gezielt einsetzen zu können, um seine Interessen durchzusetzen und sich gegen Übergriffe zu wehren. Wer einen kultivierten Umgang mit Macht pflegen möchte, schafft zu allererst Klarheit über den Zweck seines Handelns. Je deutlicher das Ziel definiert ist, umso effizienter lassen sich die notwendigen Maßnahmen planen. Weil Machtgestalter über ein großes Repertoire an Kommunikations- und Verhandlungstechniken verfügen, können sie die von vielen gefürchteten Kampfsituationen deutlich reduzieren. Sollte allerdings ein Kampf notwendig werden, scheuen sie sich nicht davor, diesen mit großer Präzision zu führen.

Machtkompetenz ist die längst überfällige Erweiterung der bislang zu einseitig gesehenen Sozialkompetenz. Obwohl begrifflich korrekt Machtkompetenz ein Teil der Sozialkompetenz wäre, scheint es sinnvoll, diese getrennt zu behandeln. Während Sozialkompetenz einen positiv besetzten Begriff darstellt, wird alles, was mit Macht zu tun hat, nach wie vor eher negativ bewertet. Das ist unter den heute herrschenden wirtschaftlichen wie zwischenmenschlichen Wettbewerbsbedingungen eine geradezu gefährliche Sichtweise, denn sie hindert einen Großteil der Menschen an der Durchsetzung ihrer Interessen. So wie früher Lesen und Schreiben einer privilegierten Schicht vorbehalten waren und heute (zumindest in der westlichen Welt) zu den allgemein zugänglichen Kulturtechniken zählen, muss auch die Machtkompetenz ihren Weg in alle Schichten der Gesellschaft finden, wenn diese sich emanzipieren wollen. Dies umso mehr, als Machtkompetenz ja nicht nur die Durchsetzungsfähigkeit betrifft. Machtgestalter verfügen zudem über die Bereitschaft und die Methoden zur Versöhnung. Sie sind in der Lage, nach einem Konflikt nachhaltigen Frieden herzustellen.

Machtkompetent handeln bedeutet, die Legitimation eigener und fremder Machtansprüche zu bewerten und ein differenziertes Instrumentarium mit entsprechenden Handlungsmöglichkeiten und -fähigkeiten im Bereich der „friedlichen Formen" der Macht in Händen zu halten, den geordneten Rückzug ebenso zu beherrschen wie kontrollierte Kampftechniken. Machtgestalter können bei Konflikten sowohl eskalieren als auch deeskalieren. Sie verhalten sich diszipliniert, sind selten beleidigt oder nachtragend. Die ethische Frage haben sie im Vorfeld mit sich abgeklärt, sodass sie dann im laufenden Prozess die volle Kraft auf ihr Ziel richten können. Nicht die Methoden sind gut oder böse, sondern der Kontext ist es, in dem sie angewendet werden. Man kann mit einem Messer einfach nur Brot schneiden oder sich damit verteidigen – oder jemanden angreifen. Die Entscheidung darüber liegt beim Menschen und nicht beim Messer.

Selbst wenn Interessenkonflikte ihre eigene Dynamik haben und man den Verhandlungsstil des Partners kaum beeinflussen kann, so macht es doch einen Unterschied, welche Handlungen man selbst setzen will. Dazu benötigt man zusätzlich zur viel zitierten Sozialkompetenz auch Machtkompetenz. Das klingt komplizierter, als es ist. Wenn jemand erst einmal das Bewusstsein für die Alltäglichkeit offener und verdeckter Kämpfe schärfen konnte und die ethische Frage für sich geklärt hat, braucht er/sie nur noch Mut zum Risiko und Übung.

Menschen, die mit Macht nichts zu tun haben wollen, werden hingegen leicht zu Opfern: Sie versäumen nicht nur die eigenen Möglichkeiten, sondern leiden oft unter jener Macht, die über sie ausgeübt wird. Sie suchen Hilfe bei Beratern und Coaches oder lesen Ratgeber über moderne Kommunikationstechniken. Solch psychologisches Allgemeinwissen erweitert zwar den Handlungsspielraum des Einzelnen, es ist jedoch meist auf die sogenannten „Soft Skills" beschränkt. Darunter versteht man Fähigkeiten wie Zuhören-können, Teamarbeit, Kooperation, Transparenz oder Authentizität. Hingegen werden Durchsetzungsfähigkeit, taktisches und strategisches Denken und Verhalten und anderes mehr als gleichermaßen notwendige Qualifikationselemente kaum thematisiert, obwohl diese zunehmend benötigt werden und letztlich auch entscheidend für den Erfolg sind. Eine Führungskraft wäre beispielsweise kaum in der Lage, die vorgegebenen Ziele zu erreichen, ohne das Vermögen, die Spielchen anderer zu durchschauen, ihnen etwas entgegenzusetzen und selbstbewusst aufzutreten. Aber auch MitarbeiterInnen könnten sich mit mehr Machtkompetenz gegen Mobbing wehren oder ein höheres Gehalt ausverhandeln.

Nun lässt sich beobachten, dass das Thema „Macht" zunehmend an Öffentlichkeit gewinnt. Medien und Publikationen scheuen sich nicht davor, Macht draufzuschreiben, wenn Macht drinnen ist. Ein jahrzehntelang aufrechtes Tabu ist aufgebrochen und die gesellschaftliche wie die individuelle Auseinandersetzung mit dieser Frage nimmt immer mehr Raum ein. Dies kann man als erfreuliche Entwicklung bezeichnen. Wären alle Beteiligten an einem Konflikt machtkompetent, würden weniger Verletzungen entstehen und der materielle wie der ideelle Schaden wäre deutlich geringer. Machtkompetent handeln bedeutet, selbst Verantwortung zu übernehmen für die Ziele, die man verfolgt und die Art und Weise, wie man das tut. Es bedeutet außerdem, die Konsequenzen aller Aktionen – der durchgeführten wie auch der unterlassenen – zu bedenken und zu tragen.

Sind die Spielregeln der Macht geheim?

Gibt es denn heute noch geheime Spielregeln? Es kann sich doch gegenwärtig jeder alle Informationen beschaffen – von Managementtechniken über Politikertricks bis zu den Ritualen der Geheimgesellschaften. Was soll es denn da noch zu entdecken geben?

Wenn die Sache so einfach wäre, würden nicht so viele Menschen gravierende Probleme haben, ihre Ziele durchzusetzen. Es ist nicht der Mangel an Informationen, der die kultivierte Lösung von Interessenkonflikten behindert. Die Ursache liegt eher in der Fähigkeit, die Fülle der Informationen richtig zu interpretieren, daraus möglichst rasch die jeweils geltenden Regeln abzuleiten und eine Strategie zu entwickeln.

Spielregeln sind nicht statisch, sie wirken vielmehr zu jeder Zeit und in jedem Kontext anders. Normen und Regeln gelten immer nur für eine bestimmte Kultur, deren Mitglieder sich bewusst oder oft nur aus Gewohnheit an sie gebunden fühlen. Geheim im Sinne von fremd oder unverständlich bleiben diese Spielregeln jeweils für Außenstehende, für Angehörige anderer Wertewelten. Eigentlich sind sie für jedermann einsehbar, doch der andere will oder kann sie zu diesem Zeitpunkt nicht verstehen. Das gilt für fremde Kulturen ebenso wie für Paradigmenwechsel innerhalb einer Gesellschaft. Wenn sich das vorherrschende Wertesystem grundlegend verändert, kommen damit auch andere Mechanismen zum Tragen. Diese Veränderung geschieht meist stillschweigend, ohne dass darüber ein öffentlicher Diskurs geführt würde. Die meisten Menschen erkennen die neuen Mechanismen erst relativ spät, sie halten sich noch lange an die alten Regeln. Die daraus entstehende Verwirrung bildet den Nährboden, den Machtprofis der neuen Ära brauchen, um ihre Ideologie fest in der Gesellschaft zu verankern.

Es gibt also keine allgemeingültigen Spielregeln der Macht, die man im Kreml, im Weißen Haus oder in der Bibliothek des Vatikans suchen könnte. Neue Regeln werden nicht, wie Verschwörungstheorien behaupten, von einem kleinen Personenkreis, der die Weltherrschaft anstrebt, aufgestellt – auch wenn es manchmal den Anschein hat. Vielmehr verändern sich gesellschaftliche Normen im Zuge eines Machtwechsels von selbst. Am Ende dieses Prozesses steht die Vorherrschaft eines neuen Wertekanons.

Wie Systeme geändert werden

Die in Demokratien übliche Form eines Machtwechsels ist die freie Wahl durch die BürgerInnen eines Staates. Abhängig von ihrem Ausgang wird dann etwa eine Mitte-Links-Regierung durch eine konservative abgelöst und umgekehrt. In einer Monarchie kommt der Wechsel auf dem Weg der Erbfolge zustande oder durch die Verbindung von Ländern aufgrund von Heirat oder Kooperation, wie dies unter den Habsburgern oft der Fall war.

Ein Herrschaftssystem kann jedoch meist nur durch Gewalt geändert werden. Kräfte innerhalb der Gesellschaft können dies auslösen, wie im Fall der bürgerlichen Revolution im Frankreich des 18. Jahrhunderts. Ein Machtwechsel wird mitunter auch von außen erwirkt. In diesem Fall etabliert eine fremde Macht ein neues System durch militärische Intervention, wie im Irak der Sturz des Regimes von Saddam Hussein durch die USA zeigte. In diesen Fällen diktiert der Sieger die neue Gesellschaftsform und werden die neuen Spielregeln nicht geheim gehalten. Es besteht im Gegenteil ein starkes Interesse daran, dass möglichst große Bevölkerungsanteile umgehend davon in Kenntnis gesetzt werden, dass ein Machtwechsel stattgefunden hat.

Ein Machtwechsel kann jedoch auch unmerklich vor sich gehen. Nämlich dann, wenn die Macht des herrschenden Systems sehr groß ist und deswegen nur langsam und mit den Mitteln der Zermürbungstaktik aufgeweicht wird, oder wenn ein offener Kampf nicht zielführend erscheint. Dann erfolgt die Machtübernahme durch schleichende Infiltration – etwa in den Ländern des einstigen Ostblocks vor dem Fall des Eisernen Vorhangs oder bei den Rosenrevolutionen in den Satellitenstaaten der UdSSR (Georgien, Ukraine). Hier wurde über viele Jahre am Wertewandel in der Gesellschaft gearbeitet, der Umsturz erfolgte dann praktisch gewaltlos. Das Geheimnis einer solchen Machtübernahme besteht darin, über die Beeinflussung der Werte und Normen neue Spielregeln in der Gesellschaft zu etablieren oder die geltenden umzudeuten.

Machtwechsel in Organisationen

Die meisten Menschen gehen davon aus, dass die eigenen Werte automatisch für alle gültig sind. Der Umgang mit anderen Wertegemeinschaften ist durchaus vergleichbar mit den Grundsätzen, die für einen konfliktarmen Umgang mit fremden Ländern und ihren Kulturen beherzigt werden müssen. Man erforscht und befolgt freiwillig deren Spielregeln, damit das Gegenüber nicht unnötigerweise durch unsensibles und unaufgeklärtes Benehmen beleidigt wird. Wer andere Kulturen versteht, kann im Bereich der internationalen Wirtschaftsbeziehungen und der Diplomatie Konflikte mindern und seine Ziele besser verfolgen. Für den Erwerb der sogenannten „Interkulturellen Kompetenz" werden heute spezielle Seminare und Hochschullehrgänge angeboten, denn diese zählt zu den Schlüsselqualifikationen der neuen Arbeitswelt.

Doch Paradigmen verändern sich nicht nur in der Gesellschaft, sondern auch innerhalb von Unternehmen oder Institutionen. Diese haben ihre eigenen ungeschriebenen Gesetze und achten sehr genau auf deren Einhaltung.

Ausgelöst werden die Veränderungen etwa durch betriebliches Wachstum: Ein Familienbetrieb geht an die Börse und fortan diktiert der Investor seine Ziele. Der ehemals soziale Betrieb wird den Spielregeln der Finanzmärkte unterworfen, die da lauten: kurzfristige Gewinnmaximierung, wenig Rücksicht auf Arbeitsplätze, auf Ökologie oder Gesundheit. Oder die Veränderungen werden durch einen direkten Eigentümerwechsel hervorgerufen. Wenn beispielsweise ein Betrieb von einem anderen aufgekauft und übernommen wird, etabliert das neue Management umgehend die Kultur des eigenen Unternehmens. Und selbst der umgekehrte Weg ist möglich: Ehemalige Staatsbetriebe, die bisher von Beamten verwaltet wurden, müssen sich plötzlich auf dem freien Markt bewähren. Vereine, die gut von ihren Subventionen leben konnten, stehen vor der Herausforderung, nach deren Streichung eigene Einkommensquellen zu erschließen.

In jedem Fall ändert sich mit der neuen Zielsetzung oder den neuen Personen auch die Kultur in der Organisation und mitunter sind die Spielregeln, über die potenzielle Mitarbeiter Bescheid wissen sollten, in jedem Unternehmen anders. Meist wird jedoch darüber wenig gesprochen und schon gar nichts erklärt. Die MitarbeiterInnen sind sich selbst überlassen und bleiben auf das Versuch-Irrtum-Verfahren angewiesen. Folglich sollte jemand, der den Arbeitsplatz wechselt, sich nicht nur mit den Sachfragen beschäftigen, sondern sich auch mit der Kultur der Organisation auseinandersetzen.

Leistung und Liebe

Durch den raschen Wandel existieren heute viele Lebenswelten nebeneinander. Die Gesellschaft zerfällt in Fragmente. Wertewelten schrumpfen zu Wertebiotopen und verändern sich ständig. Die eingeschworene Gesinnungsgemeinschaft einer Umweltschutzorganisation kann mehr gemeinsam haben als eine Familie mit unterschiedlichen politischen Einstellungen. Im Berufsleben gelten andere Spielregeln als im Privatleben, in der Bürgerinitiative oder im Sportverein. Im Extremfall ist jeder Mensch anders zu behandeln und jede Situation neu zu beurteilen, je nachdem, welche Art der Beziehung gerade gültig ist.

Immer dort, wo es um Ziele und Ergebnisse geht, sind „Leistungs-Beziehungen" gefragt. Bei diesen tritt die Person mit ihren Ansprüchen in den Hintergrund. In der extremen Form haben Emotionen und Befindlichkeiten so gut wie keinen Raum mehr. Die Funktion steht im Vordergrund, die Persönlichkeit gerät zur Nebensache, denn in Leistungs-Beziehungen muss der Mensch jederzeit austauschbar sein. Dies ist – so schlimm das für manche klingen mag – absolut notwendig, wenn Ergebnisse unter Druck erzielt werden müssen und eine Organisation optimal funktionieren soll. Leistungs-Beziehungen bestehen vor allem im Berufsleben, aber ebenso bei sportlichen oder ehrenamtlichen Aktivitäten.

Viele Menschen empfinden die anonyme Arbeitsatmosphäre in internationalen Konzernen oder Großorganisationen als äußerst negativ. Diese Art der Leistungs-Beziehungen hat jedoch durchaus ihre Berechtigung. Ohne sie würde vieles in einer komplexen technologisierten Welt gar nicht funktionieren. Leichter verständlich wird das Prinzip am Beispiel des Katastrophenschutzes, weil dieser positiv besetzt ist: Angesichts eines Erdbebens oder einer Überschwemmung herrscht bei den Rettungsmannschaften extrem großer Druck. Sie müssen körperliche und psychische Belastung, Zeitdruck und schwierige Koordinationsaufgaben bewältigen, denn von der exakten Erfüllung ihrer Aufgabe hängen unter Umständen Menschenleben ab. Aber selbst im Spitzensport läuft es ähnlich: Wer beim Fußballmatch die erwartete Leistung nicht bringt, wird ausgetauscht, um den Wettkampf doch noch zu gewinnen.

In solchen Situationen muss jedes Mitglied sofort ersetzt werden können. Die Aufgaben müssen so gestaltet sein, dass auch der/die Nächste sie jederzeit erfüllen kann. Meistens muss schnell entschieden werden, es geht um messbare Ergebnisse, von denen viel abhängt. Da muss sich der Mensch den Zielen unterordnen, da ist kein Platz für Befindlichkeiten. Zentrale Themen in Leistungs-Beziehungen sind Effizienz, Vernunft und oft auch Konkurrenz und Kampf.

Leistungs-Beziehungen werden freilich nicht nur in nachvollziehbarer und akzeptabler Weise etabliert. In vielen Organisationen herrscht Krieg, ein Business-Krieg, in dem jeder gegen jeden kämpft. Die Ursache dafür ist entweder in Führungsdefiziten des Managements zu suchen oder das Unternehmen befindet sich tatsächlich in einer existenziellen Krise, die für die MitarbeiterInnen der unteren Ebenen nicht zu erkennen ist. Es wäre grundfalsch, im Rahmen von solch angespannten Leistungs-Beziehungen Details aus seinem Privatleben auszuplaudern, dem Vorgesetzten oder dem Kollegen allzu große Einblicke in das eigene Gefühlsleben zu gewähren oder davon auszugehen, dass persönliche Befindlichkeiten auf allgemeines Interesse stoßen. Offenheit würde als Schwäche ausgelegt und rücksichtslos ausgenützt werden können.

Den meisten Menschen fällt es leichter, das Prinzip der Leistungs-Beziehungen für Extremsituationen zu akzeptieren. Wenn dasselbe Verhalten in einer Firma angewendet wird, macht ihnen dieser Umstand sehr zu schaffen. Sie wollen an ihrem Arbeitsplatz auch als Person wahrgenommen werden, streben nach Anerkennung und Aufmerksamkeit, erwarten Offenheit und Ehrlichkeit. Sie wollen von ihren Vorgesetzten und Kollegen geliebt werden. So verständlich diese Haltung auch ist, so wenig lässt es sich mit den Spielregeln der Macht vereinbaren. Menschliche Nähe, Konstanz, Vertrauen und Fürsorge sind Werte, die in erster Linie in sogenannten „Herz-Beziehungen" ihre Berechtigung haben. Zu den wesentlichen Merkmalen von Freundschaft und Liebe gehört, dass man sich zeigen darf, wie man ist, ohne dadurch Nachteile erwarten zu müssen. Man kann mit Recht annehmen, dass der andere nicht jede Schwäche sofort zu seinem eigenen Vorteil ausnützen und nicht jeder Fehler bestraft wird.

Dieses Ideal von menschlicher Nähe und Intimität braucht ein Mensch, wenn er gesund bleiben und sich weiterentwickeln soll. Daher haben auch die Sehnsucht und die ständige Suche danach durchaus Sinn. Es ist jedoch ein großer Irrglaube anzunehmen, dass man das Recht hätte, diese Qualität überall zu erwarten. Wir leben nicht mehr in der bäuerlichen Großfamilie, in der Arbeit und Privatleben eng miteinander verbunden sind. Unsere Gesellschaft hat sich ausdifferenziert und spezialisiert. Die „Schauplätze der Macht" teilen sich auf in das Privatleben und das Berufsleben und gehorchen anderen Regeln. Handlungen, die in einer Herz-Beziehung wirksam sind, müssen noch lange nicht in einer Leistungs-Beziehung zum Erfolg führen.

Im Privatleben müsste man sich zur Aktivierung der Freundschaften und der Nachbarschaftsbeziehungen von Zeit zu Zeit die

Frage stellen: Wer zählt zu meinen echten Freunden, die auch in der Not zu mir halten würden? Und gleich im Anschluss daran folgt die Gewissensfrage: Habe ich genügend Zeit für sie oder bin ich dabei, sie sträflich zu vernachlässigen? Herz-Beziehungen leben vom Vertrauen und von der Aufmerksamkeit, die man ihnen gibt. Man kann Liebe nicht ansparen und nicht auf später verschieben.

Leistungs- und Herz-Beziehungen werden allerdings nicht immer am richtigen Schauplatz gelebt und sie schließen einander auch nicht aus. In manchen Ehen ist von Herz keine Spur. Da geht es nur um materielle Ziele, um Status und gesellschaftlichen Rang. Die Partner schenken einander nichts und jede Schwäche kann das Aus der eigenen Existenz bedeuten. Andererseits gibt es Familienbetriebe oder soziale Kooperativen, in denen im beruflichen Kontext und trotz des finanziellen Drucks der Einzelne ernst genommen wird und einen Spielraum zur Entfaltung hat. Es gilt also zu erkennen, wo die Sehnsucht nach Menschlichkeit falsch am Platz ist und dem Betreffenden als mangelnde Professionalität ausgelegt werden könnte, und in welchem Rahmen es hingegen sinnvoll scheint, seine Gefühlswelt offenzulegen – und auch dem anderen ein guter Zuhörer zu sein.

Anpassung und Protest

Protest-Beziehungen entstehen immer dann, wenn gegen ein etabliertes System gekämpft wird: Studenten, die gegen die Regierung demonstrieren, ArbeiterInnen, die ein Werk bestreiken, Konsumenten, die den Kauf von bestimmten Waren boykottieren. Der Protest kann viele Formen annehmen. Er kann von Einzelnen getragen werden, von Gruppen oder einer weltweiten Initiative. Gekennzeichnet ist er durch den Willen nach Veränderung, durch Engagement und die Fähigkeit zur Handlung.

Wenn allerdings jemand am Business-Arbeitsplatz als Einziger keine Krawatte trägt, wenn er ständig unpünktlich ist, weil er damit beweisen möchte, dass er mit der Leistungswelt nicht einverstanden ist, dann handelt es sich um eine fehlgesteuerte Protest-Beziehung. Menschen in verkorksten Protest-Beziehungen stellen ihre Weltanschauung bei jeder Gelegenheit zur Schau, auch dort, wo niemand danach gefragt hat. Sie verhalten sich dem Chef gegenüber patzig, weil sie mit dem kapitalistischen System nicht einverstanden sind. Sie wollen sich nicht anpassen, weil sie die Konsumgesellschaft ablehnen. Doch auf diese Weise verschwenden sie ihre Kräfte am falschen Ort. Sie ändern das System nicht und fügen sich nur selbst Schaden zu, denn der Widerstand am Arbeitsplatz führt höchstens zur Kündigung.

Protest-Beziehungen werden nicht nur von Individuen gepflegt, sondern auch von Organisationen, deren Zweck der Widerstand oder die Veränderung von gesellschaftlichen oder politischen Bereichen ist. Viele NGOs (Nichtregierungsorganisationen), Kunst- und Kulturvereine oder Bürgerinitiativen sehen das als ihre Aufgabe. Sie sind Gesinnungsgenossenschaften, deren Ziel beispielsweise die Veränderung der Machtverhältnisse oder des Gesellschaftssystems ist. Ob Maßnahmen in Protest-Beziehungen wirksam sind, muss man am Ergebnis messen und nicht an den Ankündigungen.

2. Kapitel

Gute alte Zeit oder schöne neue Welt?

Wir leben in Zeiten eines grundlegenden Umbruchs: Sicherheiten im Berufs- und Privatleben verschwinden, gesellschaftliche Werte verändern sich rasch und drastisch. Viele Menschen haben den Eindruck, dass die Verwerfungen in ihrem Leben bereits über das normale Maß hinausgehen. „Nichts geht heutzutage noch einfach" ist eine oft gehörte Aussage. Die Frage nach Orientierung beschäftigt MitarbeiterInnen und Manager in Konzernen ebenso wie UnternehmerInnen von Kleinstbetrieben oder Funktionäre von Vereinen und Institutionen. Das Unbehagen hat keinen fixen Arbeitsplatz und auch das Privatleben bleibt davon nicht unbehelligt.

Während Wissenschaftler unterschiedlicher Disziplinen vom Paradigmenwechsel sprechen, beklagen Politiker aller Couleurs das kälter werdende soziale Klima. Taxifahrer, Friseurinnen, Manager und Künstlerinnen beschreiben diese neue Welt durchaus mit ähnlichen Worten: ständig wachsender Druck und Stress, Unsicherheit und Vertrauensverlust, wenig Anerkennung und Beziehung, Abnahme von Loyalität und Solidarität, Zunahme von Egozentrik und Aggression. Wir leben zwar in einer der reichsten Regionen der Welt, doch hören wir ständig von einem nicht finanzierbaren Sozialstaat und von Pen-

sionen, die wir uns nicht mehr leisten können, von Sparmaßnahmen in allen Lebensbereichen. Es vergeht kein Tag ohne
alarmierende Meldungen über die Zunahme von Arbeitslosigkeit, Firmenpleiten, Armutsgefährdung, von neuen Krankhei-
ten, Scheidungsraten, Alkohol trinkenden Kindern und von der
Vereinsamung der Menschen in allen Lebensphasen. Berichte
über sinkende Geburtenraten („Österreich/Deutschland stirbt
aus"), Fragen der Zuwanderung und Terrorismusgefahr erzeugen Verunsicherung und Irritation. Viele Menschen, die den
Wiederaufbau, die innovativen siebziger und die ehrgeizigen
achtziger Jahre des vorigen Jahrhunderts miterlebt haben, sprechen von der „guten alten Zeit", in der es Sicherheit, Wohlstand
und Chancen für alle gab – während sie im Gegensatz dazu die
heutige Welt als bedrohlich und unmenschlich erleben. Nach
Jahrzehnten des sozialen Friedens wird die Angst zum bestim-
menden Leitgefühl unserer Gesellschaft.

Aber beruht dieser Eindruck nicht vielleicht auf Hirngespins-
ten oder auf paranoiden Zuständen? Wir leben doch in einer
neuen und spannenden Welt voller Möglichkeiten. Was ist denn
schon Großes geschehen? Wir haben in den letzten Jahrzehnten
in Westeuropa keine Revolution und keinen Krieg erlebt, wir
wurden nicht von einer fremden Macht besiegt. Wie hätten sich
so tief greifende Veränderungen in der Gesellschaft unbemerkt
durchsetzen können? Vielleicht sind sie ja nur Ausdruck senti-
mentaler Empfindungen von Nachkriegskindern oder Altacht-
undsechzigern. Doch die Änderung der Grundwerte hat tatsächlich stattgefunden. Die Machtübernahme geschah schleichend
und wurde jahrelang auch von den „natürlichen Gegnern" des
neuen Systems nicht bemerkt.

Die Welt, aus der wir kommen

Die Nachkriegsgeneration: Hoffnung, Wiederaufbau und Wirtschaftswunder

Jene Generationen, die nach dem Ende des Zweiten Weltkriegs geboren wurden, stehen heute am Höhepunkt ihrer Schaffenskraft und stellen noch für die nächsten zehn bis fünfzehn Jahre die erste Liga der EntscheidungsträgerInnen in Politik und Wirtschaft. Ihre Mitglieder sammelten als Kinder Erfahrungen mit den physischen, psychischen und wirtschaftlichen Folgen des Krieges und seinen Schäden. Ende der 1950er Jahre begannen die Menschen langsam, die Traumata des Krieges zu verdrängen und den Wohlstand zu genießen. Die Kriegsverbrecher und Kriegsgewinnler waren entweder verurteilt oder hatten sich in die Gesellschaft integriert.

Nach Wiederaufbau und Wirtschaftswunder wuchsen die Menschen in den Kalten Krieg hinein, der zwischen den kommunistischen und den kapitalistischen Staaten ein „Gleichgewicht des Schreckens" etablierte. Während beide Systeme einander halbwegs in Schach hielten, konnte sich vor allem in Österreich und der Bundesrepublik Deutschland ein „Zwittersystem" entwickeln, das als „soziale Marktwirtschaft" oder auch als „Kapitalismus mit menschlichem Antlitz" bezeichnet wurde.

(Klein-)Bürgerliche Enge dominierte die Moralvorstellungen: Die Jugend sollte sauber, pflichtbewusst, leistungsorientiert, aufstrebend und familienbezogen heranwachsen. Nahezu jedes Kind dieser Generation verbrachte prägende Jahre in einer der religiös oder ideologisch betonten Jugendorganisationen wie Katholische Jungschar, Pfadfinder, Rote Falken oder Junge Garde. Die Sozialisation der Jugendlichen war unabhängig von der politischen Ausrichtung durch den Gemeinschaftssinn bestimmt. Netzwerke und Verbindungen, die zum Teil heute noch bestehen, wurden schon in früher Jugend geknüpft.

Im Beruf waren Arbeitstugenden wie Fleiß, Genauigkeit, Verlässlichkeit und Loyalität geschätzt. Produkte zeichneten sich durch hohe Qualität aus, ebenso die Liefer- und Servicebedingungen. Deutsche Ingenieurskunst und Präzisionsarbeit bildeten die Grundlagen für ein rasantes Wirtschaftswachstum. Wohlstand und Sicherheit waren bestimmende Elemente dieser Zeit.

Protest gegen die spießige Leistungsgesellschaft kam erst sparsam von den sogenannten „Halbstarken" – heute würde man sie die „gewaltbereite Szene" nennen –, die besonders in den Städten Revierkämpfe und Bandenkriege veranstalteten. Später brachen breitere Schichten der Jugend auf der Welle des Rock 'n' Roll durch die bürgerlichen Schranken. Der Hunger nach exzessiver Lebenslust wurde sichtbar.

Die Blumenkinder: Revolution, Friedensbewegung und Vollbeschäftigung

Ein Großteil dieser Generation kam aus einem christlich-sozialen oder sozialdemokratischen Milieu. Obwohl Reste des nationalsozialistischen Gedankenguts noch überall zu spüren waren, gewannen besonders in den Städten neue Ideen die Aufmerksamkeit der Jugend. Das Kleinbürgertum wurde durch die Studentenbewegung und die sexuelle Revolution aufgerüttelt. Der Vietnam-Krieg und die Gegendemonstrationen ließen die Friedensbewegung erstarken. Das Jahr 1968 bildete schließlich den Markstein eines Paradigmenwechsels: Revolution an den Universitäten, sexuelle Befreiung, Frauenemanzipation, Leben in Wohngemeinschaften und Kommunen, Bruch mit den Bekleidungsnormen durch „Schlabberlook" und „Pilzköpfe". Das neue Wertesystem wurde geprägt von der Überzeugung der Hippie-Bewegung, dass dauerhafter Friede und Wohlstand für (fast) alle Menschen möglich wären. „Peace!", „Make Love Not War" und „Atomkraft? Nein danke" lauteten die Slogans und Symbole dieser Zeit. Bezeichnend auch der Aufkleber: „Keine Macht für niemand".

Die Grundstimmung in Mitteleuropa galt als linkslastig, das Großbürgertum hielt sich im Hintergrund. Die Regierungen waren gemäßigt, ein Antikommunismus wie in den USA während der McCarthy-Ära, als unter Missachtung bürgerlicher Grundrechte Schauprozesse gegen Beamte, Künstler und Wissenschaftler geführt wurden, war hierzulande undenkbar.

Der Einzelne besaß gute Bildungs- und Aufstiegschancen, auch wenn er aus der Unterschicht stammte. Der Staat zeigte sich „liberal" und „sozial" zugleich, der Wettbewerb in der Wirtschaft wurde durch Rahmenbedingungen wie Preisbindung bei den Grundnahrungsmitteln und den Mieten, Gebietsschutz für Handel und Gewerbe etc. eingeschränkt. Die Unternehmenslandschaft bestand aus großen verstaatlichten Unternehmen im Bereich der Stahlindustrie, der Infrastruktur und der Banken – bis zur Krise der Verstaatlichten Industrie, die in den 1980er Jahren große Verluste machte. Zu den weiteren Akteuren der damaligen Wirtschaft zählten nationale Großindustrielle sowie einige wenige Töchter internationaler Konzerne – die restlichen 90 Prozent wurden von Klein- und Mittelbetrieben gestellt.

Vollbeschäftigung hieß das wirtschaftspolitische Ziel, dem sich alle Entscheidungen unterordneten. Konflikte und gesellschaftliche Spannungen wurden – von den Bürgern und Bürgerinnen eher unbemerkt – im Rahmen der Sozialpartnerschaft durch Konsenspolitik gelöst. Und wenn es zu größeren Auseinandersetzungen kam, so gewannen die BürgerInnen gegen den Staat und gegen die eigene Partei: In Österreich fand 1978 unter sozialdemokratischer Regierung eine Volksabstimmung gegen das erste Atomkraftwerk in Zwentendorf statt, die zum Ausstieg aus der Atomenergie führte. 1984 gelang es Umweltschützern, durch die Besetzung der Hainburger Au den Bau eines Donaukraftwerks zu verhindern und damit ein Naturdenkmal zu erhalten. Ähnliche Protestaktionen fanden zeitgleich auch in Deutschland statt: 1975 wurde im badischen Wyhl der Bau eines Kernkraftwerks blockiert und zehn Jahre später die Wiederaufbereitungsanlage

Wackersdorf. Was mit einigen „Wilden" begann, wuchs sich rasch zur Ökologiebewegung und zur Gründung einer neuen Partei, der Grünen, aus.

Zu dieser Zeit formten sich große ideologische Strömungen: Während die einen weiterhin dem Leistungsgedanken folgten und wirtschaftlichen Erfolg anstrebten, rückten andere politisch und weltanschaulich noch mehr nach links, und wieder andere wandten sich über Psychoanalyse oder Esoterik dem Innenleben zu. Psychologisches Wissen, Freie Pädagogik, asiatische Religionen, Methoden zur gewaltfreien Kommunikation, die Ökologiebewegung und nicht zuletzt die Emanzipation der Frauen drangen immer weiter in die Gesellschaft vor. Das Selbstbewusstsein der Arbeiterschicht, christlich-sozialer Gemeinschaftssinn und die Dankbarkeit für den Frieden prägten das Wertesystem im Sinne von Partnerschaftlichkeit, Solidarität und Gerechtigkeit.

Die Prinzipien des Teilens und der Gerechtigkeit wurden durchaus auch in der Wirtschaft gelebt, denn wie schon erwähnt, waren große Bereiche verstaatlicht. Auch großindustrielle Eigentümer konnten (letzt-)entscheiden, ohne auf fremde Investoren Rücksicht nehmen zu müssen. Sie waren einerseits der Tradition des „sozialen Unternehmers" im christlichen Sinn verpflichtet und andererseits in einer funktionierenden Symbiose mit den regionalen Banken und der Politik verwoben. In der Wirtschaftspolitik wurden Konjunkturschwankungen durch staatliche Investitionen ausgeglichen, Staatsschulden als Steuerungsinstrument genutzt (Keynesianismus). Ziel war die Vollbeschäftigung, auch wenn dafür der Staatshaushalt belastet wurde. Die erste Ölkrise 1973 löste zwar einen Schock aus und ließ die Verletzlichkeit des Systems sichtbar werden, dennoch konnte sie ohne gravierende Folgen bewältigt werden. So war es kein Wunder, dass der Sozialstaat gut ausgebaut, der Zugang zur Bildung kostenlos und Arbeitsplätze selbstverständlich waren.

Der gesellschaftliche Grundkonsens hatte eine breite Basis und wurde von vielen als unumstößlich betrachtet. Kaum jemand rechnete damit, dass diese Werte sich wieder ändern könnten. Eher nährte man trotz des Wettrüstens der beiden Supermächte und unzähliger bewaffneter Konflikte die Hoffnung, dass die Menschheit (zumindest die europäische) aus der Geschichte gelernt und den Krieg endgültig überwunden hätte.

Perestroika: Schock, Freude und schleichender Paradigmenwechsel

Der Fall des Eisernen Vorhangs und damit der Zusammenbruch des realen Sozialismus markierten 1989 den nächsten Wendepunkt. Dieses Ereignis wurde lange nicht als Auslöser für einen Paradigmenwechsel wahrgenommen und viele Jahre noch als friedliche Revolution, die (nahezu) keine Gewaltopfer forderte, gefeiert. Auffällig, wenn auch vorerst ohne merkbare Folgen, war der Triumph des Kapitalismus, der sich lautstark als das siegreiche System feierte. Der Wegfall des Widerparts brachte das „Gleichgewicht des Schreckens" ins Wanken. Konnte man den Kapitalismus zuvor noch als „gezähmt" bezeichnen, so war nun die Bahn frei für seine Radikalisierung. Neue liberale Wertvorstellungen waren schon 1990 im „Washingtoner Consensus" von führenden Ökonomen mit Schlagworten wie Haushaltsdisziplin und Deregulierung angekündigt worden, kamen jedoch noch nicht so richtig zum Tragen. Maßnahmen zur Deregulierung brauchten einige Zeit, um Wirkung auf den Finanzmärkten zu zeigen: etwa die Freigabe der Währungsbindung (Bretton Woods), die bereits 1973 aufgegeben worden war und seitdem zur Verunsicherung der Volkswirtschaften beitrug.

Rasche Wirkung zeigten hingegen die Maastricht-Kriterien, die anlässlich der Euro-Einführung entwickelt wurden. Diese sogenannten Konvergenz-Kriterien verschärften die Vorgaben zur staatlichen Budgetdisziplin. Die Etats der öffentlichen Hand kamen dadurch unter immer größeren Druck, sodass die scheinbare Logik des unfinanzierbaren Sozialstaates nun tatsächlich für jedermann nachvollziehbar wurde. Die Bevölkerung war dann auch überraschend einfach von der Notwendigkeit des „Nulldefizits" zu überzeugen und für einen sparsamen Staat zu motivieren. Die Veränderungen im wirtschaftlichen Bereich verliefen undramatisch und waren von gut aufbereiteten Sachargumenten in den Medien begleitet.

Die Balkan-Kriege, die ab 1991 im Zuge der Autonomiebestrebungen der jugoslawischen Volksgruppen geführt wurden, lösten bei weiten Teilen der Bevölkerung einen enormen Schock aus. Kriegsgräuel und Bombenangriffe im Herzen Europas, Kampfhandlungen an den Grenzen Österreichs erschütterten den Glauben an den Frieden und verunsicherten Jung und Alt in ihren Überzeugungen. Man hatte doch geglaubt, den Frieden in Europa dauerhaft gesichert zu haben, als der NATO-Einsatz der deutschen Luftwaffe sogar vom grünen Außenminister Joschka Fischer befürwortet wurde. Bei der älteren Generation wurden Kriegsängste geweckt und selbst die Friedensbewegung war verunsichert. Hatten die Mitte-Links-Parteien Europas in der Bevölkerung bisher noch eine breite Basis, so kamen nun Zweifel am herrschenden politischen System auf, da es offensichtlich keine Stabilität gewährleisten konnte.

Neoliberalismus: Wohlstand für alle, Globalisierung und Heuschrecken

Diese Orientierungslosigkeit begünstigte den Wertewandel in Europa. Allerdings sollte es Jahre dauern, bis der konsequente Umbau der sozialen Marktwirtschaft zum heute allgemein als Neoliberalismus bezeichneten Wirtschaftssystem von einer breiteren Gesellschaftsschicht wahrgenommen wurde. Eigentlich hätte ja die „alteuropäische Wertegemeinschaft" von ihrem ideologischen Selbstverständnis her die Wirtschafts-Liberalisierung nicht mittragen dürfen. Sie hätte eine breite Front gegen diese Veränderungen bilden müssen, bestehend aus dem konservativen Lager der christlich-sozialen Kleingewerbetreibenden und Bauern ebenso wie aus den Mitte- und Links-Parteien, den Gewerkschaften und schließlich den Intellektuellen und Bewegungen der Zivilgesellschaft. Wie konnte der Neoliberalismus seinen Siegeszug so mühelos in kürzester Zeit über ganz Europa ausdehnen? Wo waren die „natürlichen Gegner" dieser Entwicklung, warum gab es keinen Widerstand?

Die Gründe dafür sind vielschichtig: Die Wirtschaftsdaten konnte man zu dieser Zeit noch als passabel bezeichnen, die Arbeitslosigkeit hielt sich in Grenzen, die Linke war durch das Versagen des realen Sozialismus verunsichert, die Sozialdemokraten beschäftigten sich mit dem „Dritten Weg", der Vorstellung von einer „solidarischen Hochleistungsgesellschaft". Mit diesem neuen Erfolgsrezept waren die Mitte-Links-Parteien jedoch den Verführungen des Neoliberalismus erlegen – wohl nicht zuletzt deswegen, weil dessen Verheißung „Wohlstand für alle" sich auch mit ihren sozialen Ansprüchen deckte. Übersehen wurde dabei, dass die Art und Weise, wie im neuen System Gewinne maximiert werden, einer größeren Verteilungsgerechtigkeit diametral entgegengesetzt ist. Dieses Missverständnis zeigte sich am Beispiel der Gewerkschaften: Letztere verschliefen die neuen Entwicklungen und übten sich in der Verwaltung ihrer Besitzstände. Oder aber sie versuchten, es den Heuschrecken-Kapitalisten gleichzutun, wie der Fall der österreichischen Gewerkschaftsbank zeigt, die sich in riskante Spekulationen einließ, große Verluste einfuhr und diese mit dem Streikfonds ihrer Mitglieder besicherte.

Während also die Linke ihre Ideale verkaufte, war die Gesamtbevölkerung durch die Einführung des Euro abgelenkt. Sie beschäftigten ganz reale Fragen der Teuerung und der Lebensbewältigung. Zwar provozierte in Österreich die schwarz-blaue Wenderegierung im Jahr 2000 einen kritischen Blick der Opposition auf den gesellschaftlichen Wandel. Nach dreißig Jahren sozialdemokratischer Vorherrschaft war erstmals eine Allianz von Konservativen und Rechtspopulisten an die Macht gekommen. In

Deutschland hingegen war der Paradigmenwechsel weniger leicht erkennbar, denn dort herrschte eine rot-grüne Regierung, die durchaus im Sinne des Neoliberalismus agierte, wie etwa die rigorose Einschränkung der Absicherung von Arbeitslosen (Hartz IV) zeigte. Der frühere Bundeskanzler Gerhard Schröder trug als Frontmann dieser neuen politischen Linie den Spitznamen „Genosse der Bosse" offenbar zu Recht.

Die Welt, in der wir leben

Durch diese einschneidenden Veränderungen hatten die neuen Werte genügend Zeit, nahezu unwidersprochen tief ins Bewusstsein der Gesellschaft einzudringen. Die Befunde der letzten Jahre – schwaches Wirtschaftswachstum, sinkende Kaufkraft, geringes Steueraufkommen, steigende Arbeitslosigkeit, große Zuwächse bei den Kapitaleinkommen, Abnahme bei den Arbeitseinkommen – riefen spät, aber doch die Kritiker auf den Plan. Es begann sich Widerstand zu regen: Gruppierungen der Zivilgesellschaft wie das kritische Netzwerk Attac griffen die Probleme der Globalisierung auf. Sie machten öffentlich darauf aufmerksam, wie exzessiv expandierende Kapitalmärkte die Schere zwischen Arm und Reich immer weiter auseinanderklaffen lassen, sowohl innerhalb von Europa als auch im Rahmen des Nord-Süd-Gefälles. Kritische Initiativen gewannen in den letzten Jahren an medialer Aufmerksamkeit und tragen nach wie vor wesentlich zur Verbreitung von Grundsatzinformationen bei. Internationale und nationale Sozialforen, die sich gegen Sozialabbau und ungezügelte Globalisierung formierten, werden von einer breiten Wertegemeinschaft bespielt, die von der Katholischen Sozialakademie über die Gewerkschaften bis zur Neuen Linken reicht.

Sie konnten erste Erfolge verzeichnen, wie beispielsweise im Kampf gegen GATS, ein von der Welthandelsorganisation begründetes Abkommen, das zur weltweiten Privatisierung von Dienstleistungen wie Post, Strom, Gas und Wasser führen sollte. Dieses Ansinnen ist bisher unter anderem am fortgesetzten Widerstand der weltweiten zivilgesellschaftlichen Kräfte gescheitert. Eine rasch wachsende Bevölkerung setzt sich für ein bedingungsloses Grundeinkommen für alle BürgerInnen in existenzsichernder Höhe ein. Die Initiative hat den Anspruch, mit dieser Maßnahme zu mehr Verteilungsgerechtigkeit beizutragen und eine reale Alternative zum Schwinden von Vollzeitarbeitsplätzen in den Industrieländern aufzuzeigen.

Die Diskussion um die Ausrichtung des Wirtschafts- und Sozialsystems gewinnt ganz allgemein an Öffentlichkeit. In Österreich stellen sich Sozialdemokraten und Grüne ihrer eigenen neoliberalen Einstellung und in Deutschland gibt die Neue Linke ein kräftiges Lebenszeichen von sich. In Südamerika sind linke Parteien auf dem Vormarsch und emanzipieren sich sozialistische Staatspräsidenten von den USA durch Wiederverstaatlichung ihrer Rohstoffquellen und Bildung neuer Allianzen.

In den neuen EU-Staaten des ehemaligen Ostblocks ist eine gegenläufige Entwicklung zu verzeichnen. Dort fallen die Verlockungen des Neoliberalismus auf fruchtbaren Boden: Privatisierungen werden vorangetrieben, Gewinne maximiert und Shareholder – Investoren in Gestalt der Aktieninhaber – zufriedengestellt, in der Hoffnung, möglichst rasch den westlichen Lebensstandard zu erreichen.

Auch die Weltpolitik liefert Anlässe zu berechtigter Sorge: militärische Interventionen der USA und ihrer Verbündeten in Afghanistan und im Irak, Bedrohung durch den Terrorismus, der neue Krieg im Nahen Osten. Weitere Sanktionen oder militärisches Vorgehen der USA gegen den Iran oder Nordkorea sind nicht auszuschließen.

Auf der einen Seite präsentiert sich das neoliberale Gesellschafts- und Wirtschaftssystem weltoffen, dynamisch und modern. Es bringt für viele große Vorteile. Gut ausgebildeten, flexiblen und ungebundenen Menschen stehen internationale Jobs und tolle Karrieren offen. Top-Manager, die als Konzernbosse für ihre Aktionäre Profite erwirtschaften, verfügen über einen hohen Sozialstatus und unglaubliche Spitzengehälter. Risikofreudigen Anlegern winken auf den Kapitalmärkten hohe Gewinne. Leistungsbereitschaft und Systemtreue werden mit Aufstieg, Funktionen und Prämien belohnt.

Auf der anderen Seite zeigt dasselbe System für immer mehr Menschen seine Schattenseiten: Stakeholder Value – das Interesse der Firmenmitarbeiter, der Konsumenten und der Umwelt – zählt nicht mehr. Die einzig geltende Maxime ist das Shareholder Value – das Interesse der Aktionäre. Die Kluft zwischen Arm und Reich wird ständig größer, die Arbeitslosigkeit will nicht wirklich sinken und die Börsen erschrecken die Anleger durch schmerzliche Einbrüche. Das Pensionsalter wird stetig angehoben, doch ArbeitnehmerInnen ab 45 Jahren werden nicht mehr beschäftigt. Diejenigen, die einen Job haben, stehen unter starkem Stress, denn immer mehr Arbeit muss von immer weniger Mitarbeitern bewältigt werden. Kleine und mittlere UnternehmerInnen, die mit großem persönlichen Risiko tatsächlich Arbeitsplätze schaffen und erhalten, verlieren zunehmend an Image und werden steuerlich benachteiligt – und das, obwohl die kleinen und mittleren Unternehmen die wichtigste Arbeitgebergruppe darstellen. Börsennotierte Firmen stehen unter dem existenziellen Zwang zur Profitmaximierung und können immer weniger soziale oder ökologische Aspekte in ihre Entscheidungen einbeziehen. Zwar verpflichten sich Konzerne allerorts zu einer Corporate Social Responsibility (CSR), um damit zu signalisieren, dass das Unternehmen ein soziales und ökologisches Verantwortungsbewusstsein pflegt. Aufgrund der Freiwilligkeit erweist sich dieses Übereinkommen jedoch als bloße Alibiaktion, als Marketinginstrument für Konsumenten und MitarbeiterInnen.

Der steigende Konkurrenzdruck verwandelt den belebenden Wettbewerb einer freien Markwirtschaft in einen Vernichtungskampf auf allen Ebenen. Teile der Wirtschaft setzen ihre Interessen mit ökonomischer Gewalt durch, indem sie Kapital und Infrastruktur der Gegner übernehmen oder vernichten und das Kleingewerbe verdrängen. Das Wirtschaftsleben funktioniert zunehmend nach den Gesetzmäßigkeiten des Krieges. Die Spielregeln der Konzerne werden unreflektiert auf kleine und mittlere Unternehmen übertragen, wie beispielsweise bei der Anwendung der Richtlinien für Kreditvergaben (Ratings für Basel II).

Die Waffen in diesem Business-Krieg sind Kapital und Finanzierung, denn nicht mehr der Kunde ist König, sondern der Investor. Informationstechnologien und Öffentlichkeitsarbeit dienen als Geschütze, denn Geschwindigkeit bringt entscheidende Wettbewerbsvorteile und Inszenierung ist wichtiger als Qualität. Die sogenannten Sachzwänge führen dazu, dass immer mehr menschliche Werte am Arbeitsplatz verloren gehen. Im Ernstfall muss jeder allein um sein Überleben kämpfen – oft gegen die eigenen Kollegen und Kolleginnen.

Der Wertewandel zeigt sich auch in der Sprache. Allgemein vertraute Begriffe werden in neuer Bedeutung verwendet. Reden zwei Personen von Freiheit, so meint die eine die Freiheit der Menschen und die andere jene des Kapitals. Gerechtigkeit im Sinne von „Umverteilung von Reich zu Arm" verwandelt sich zu „Jeder bekommt, was er durch Leistung verdient". „Sicherheit durch einen Rechtsstaat" wird ersetzt durch „Sicherheitsgefühl aufgrund von Verfügungsgewalt über Kapital".

Auch die Beurteilungskriterien für staatliches Handeln wandeln sich. Diskussions- und widerspruchslos wird heute der Staat nach den Maßstäben eines Unternehmens bewertet: Der Staat müsse Gewinne machen, Defizite würden den Wohlstand kommender Generationen gefährden. Slogans wie „das Unternehmen Österreich" oder die „Österreich-AG" kamen in Umlauf wie auch die Vorstellung, dass Politiker sich wie Manager eines Konzerns zu verhalten hätten. Betriebswirtschaftliche Termini wie „positiv bilanzieren", „unterm Strich" oder „Kassasturz" werden auf das Budget angewendet. „Der Staat ist ein schlechter Unternehmer" setzt sich als allgemeingültige Meinung fest und wird seither im Sinne eines Dogmas wiederholt. Die österreichische Wirtschaftskammer prägte den Slogan, der die Umkehrung der Werte verdeutlichte: „Geht's der Wirtschaft gut, geht's uns allen gut". Selbst sozialdemokratische und grüne Parteien vertreten die Meinung, dass die Zinsen uns erdrücken und der Staat pleitegehen würde, wenn wir nicht möglichst bald ein Nulldefizit erreichen.

Niemand stellt mehr in der Öffentlichkeit die Frage, ob es überhaupt die Aufgabe des Staates ist, sich wie ein gewinnorientiertes Unternehmen zu verhalten. Dessen ursprüngliche Aufgaben wie beispielsweise Daseinsvorsorge, Verteilungsgerechtigkeit oder Rechtssicherheit werden unbemerkt, aber stetig ins Abseits geschoben. Werte wie Solidarität und Fürsorge werden an den Rand der Lächerlichkeit gedrängt, die Bedeutung des Individuums steigt, während jene der Gemeinschaft sinkt. Die Wirtschaft hat an Macht und Einfluss gewonnen, der Staat zieht sich zurück oder lässt sich immer mehr zurückdrängen. Schwache Versuche, dieser Sichtweise eine Stimme zu verleihen, werden als Sozialromantik und ökonomische Blauäugigkeit abgetan. Geltende Begriffe haben sukzessive ihre Bedeutung gewandelt, ohne dass ein äußerlich sichtbarer Anlass dafür gegeben wäre.

In dieser subtilen Umdeutung von bereits existierenden gesellschaftlichen Werten liegt wohl einer der Hauptgründe für die ungehinderte Etablierung der neuen Spielregeln der Macht. Die Menschen nehmen den Wandel mehr oder weniger bewusst wahr und reagieren mit Irritation. Was ist nun richtig und falsch, was gut und was schlecht? Woran soll man sich halten, wie sich entscheiden?

Paradigmenwechsel

Die Gesellschaften Mitteleuropas befinden sich mitten in einem Paradigmenwechsel: Die alten Spielregeln in Wirtschaft und Gesellschaft, jedoch auch in familiären Beziehungen haben ihre

Gültigkeit verloren, es gelten nun neue. Verhaltensweisen, die vor nicht allzu langer Zeit noch gut und erfolgreich waren, können heute schon in den Abgrund führen. Zählten gestern noch Bescheidenheit und Understatement zu den Erfolgsfaktoren, so wirken heutzutage Menschen mit diesen Eigenschaften ziemlich altmodisch. Heute muss sich jeder selbst vermarkten und laut auf sich aufmerksam machen, wenn er/sie in der Fülle der Reize wahrgenommen werden will – jedenfalls hat kaum jemand mehr die Zeit, die verborgenen Begabungen eines Mitarbeiters zu entdecken. Galt der Handschlag gestern noch so viel wie ein Vertrag, werden heute von Top-Anwälten verfasste Vertragswerke noch dazu durch Lobbying abgesichert. Konnte man sich früher unter Geschäftspartnern auf ein gewisses Maß an Fairness verlassen, so muss man heute auf alle Tricks gefasst sein. Menschen, die sich noch an die alten Regeln erinnern können, beklagen diese Veränderungen allgemein als Werteverfall. Dabei werden sie von wissenschaftlichen Studien unterstützt, während Politik und Medien die Situation einmal begrüßen und dann wieder verurteilen.

VertreterInnen der neuen Spielregeln würden sich allerdings sehr dagegen verwehren, dass ihre Werte schlechter sein sollen als die alten. Sie glauben an Freiheit und Selbstverantwortung des Individuums anstelle von Gängelung durch den Staat. Sie orientieren sich am Markt anstelle eines unfinanzierbaren Sozialstaats. Die neue Einstellung soll zu Hochleistungen motivieren, transparente und objektive Entscheidungen sollen freundschaftliche oder familiäre Beziehungen im Berufsleben ersetzen: Freiheitswirtschaft statt Freunderlwirtschaft (Vetternwirtschaft), Liberalismus statt Liebesdienst. Nicht Werteverfall, sondern notwendiger Fortschritt lautet ihre Einschätzung der aktuellen gesellschaftlichen Entwicklung. Anhänger dieser neuen Wertewelt beurteilen ihr Verhalten als sinnvoll, innovativ und zukunftsweisend. Sie betrachten eher die anderen als Ewiggestrige, die den Anschluss an die neue Zeit versäumt haben.

Wir wollen ihre Lebenswelt als die *schöne neue Welt* bezeichnen, im Gegensatz zur *guten alten Welt* des früher geltenden Systems.

Vom Schlechten des Guten

Neben den Versprechungen und Verlockungen eines neuen Wertesystems sind auch weniger beachtete „innere" Gründe für einen Paradigmenwechsel verantwortlich. Neue Werte können – bei Personen ebenso wie in Organisationen oder Gesellschaften – erst etabliert werden, wenn die alten Werte in ihrer Wirkungsmacht schwach geworden sind oder sich ihre ursprünglich positive Bedeutung ins Gegenteil verkehrt hat. Hier ist der Vergleich mit einer Liebesbeziehung durchaus angebracht. Solange die Anziehungskraft stark ist, haben andere Personen nur wenig Chancen, das Interesse der Verliebten zu wecken. Erst im Laufe der Zeit stellen sich Kritikbereitschaft und Krisen ein. Werden diese nicht gemeistert, sind die Partner wieder offen für die Reize einer neuen Person. Nicht selten kommt es dann zur Trennung.

An welchen Illusionen und Übertreibungen ist nun die alteuropäische Wertegemeinschaft gescheitert? Woran lag es, dass der angloamerikanische Einfluss so gute Chancen hatte? Menschen, die im Neoliberalismus wohlbeheimatet sind, betrachten die Ideale der *guten alten Welt* als Verirrung. Selbst wenn sie persönlich diese in ihrer Jugend eine Zeit lang vertreten haben, sehen sie sie heute als verlorene Jahre, die ihnen auf dem Karriereweg fehlen. Sie kritisieren die Schwächen der alten Wertewelt: Der Sozialismus sei leistungsfeindlich und menschenverachtend, die Altachtundsechziger wären Sozialromantiker und ein starker Einfluss des Staates behindere den Erfolg. In der Solidarität liege die Wurzel der Klüngelei, die Fürsorge für sozial Schwächere fördere Sozialschmarotzer, die sich vor der Verantwortung für ihre eigene Lebenssicherung drücken. Der Einfluss der Politik auf Wirtschaftsbetriebe führe zwangsläufig zu Misswirtschaft, weil Parteigünstlinge zu Managern gemacht werden, die wieder inkompetente Freunde in wichtige Positionen bringen würden.

Bei einiger Selbstkritik müssen die Anhänger der *guten alten Welt* zugeben, dass diese Vorwürfe zum Teil sicher berechtigt sind. Die guten Absichten zeigten langfristig unerwünschte Nebenwirkungen. Zu viel Planwirtschaft macht unflexibel, zu wenig Freiheit mindert die Eigeninitiative, zu wenige Chancen auf persönlichen Erfolg hemmen die Risikobereitschaft, zu wenig Sozialprestige für Unternehmer schwächt die regionale Wirtschaft. Mit einer psychologischen Interpretation könnte man auch sagen, dass in einer Wohlstandsgesellschaft ohne innere und äußere Bedrohung die Herausforderungen für das Individuum zu gering wurden und die Lust auf Wettbewerb leicht entfacht werden konnte. Die neuen Tugenden Eigenverantwortung, Ehrgeiz, Selbstvermarktung und Flexibilität waren allzu verführerisch, die Chancen auf individuellen Erfolg für jeden, der sich ausreichend anstrengt, wurden zur prickelnden Motivation.

Wir sollten jedoch nicht vergessen, dass dieser Mechanismus prinzipiell auch in die umgekehrte Richtung – sozusagen als Gegenpendelschlag – laufen kann. In Gesellschaften mit starken Einkommensunterschieden und hohem Anteil an sozialem Leid bewegt sich der politische Wille ab einem bestimmten Punkt der Ungerechtigkeit auch wieder zu mehr Absicherung der Armen und zu staatlicher Kontrolle der Verteilung der Ressourcen. In der Vergangenheit liefen diese Prozesse bisher meist gewaltsam ab. Aufstände, Revolutionen oder Bürgerkriege brachten den Umschwung. Wenn die Arbeitslosigkeit weiter steigt, die Kaufkraft sinkt und immer mehr Menschen zu Verlierern des Systems werden, ist diese Befürchtung auch für Europa nicht unbegründet. Die gewaltsamen Revolten der französischen Migranten-Jugendlichen in den Pariser Banlieues und das Aufflackern nationalistischer Strömungen sind dafür erste Vorzeichen.

Parallel-Universen

Beide Wertewelten existieren zurzeit nebeneinander, doch die *schöne neue Welt* hat die Vorherrschaft angetreten – unabhängig davon, welche politische Partei an der Regierung ist. Die Werte der *guten alten Welt* werden nach wie vor von vielen (vielleicht von den meisten) Menschen in ihrem persönlichen, individuellen Leben hochgehalten. Einige wenige können aus den daraus resultierenden Spannungen persönlichen Profit ziehen – der Großteil der Menschen gerät jedoch unter Druck und erntet zunehmend Misserfolge. Immer noch zeigen sich PolitikerInnen nach Umfragen darüber verwundert, dass die Stimmung in der Bevölkerung nicht so positiv ist, wie sie ihrer Meinung nach sein sollte. Doch so gut geht es den Menschen nicht, dass sie sich ständig anhören wollten, wie gut es ihnen geht. Auch in Deutschland will die Bevölkerung trotz des Wirtschaftsaufschwungs und der sinkenden Arbeitslosigkeit nicht so richtig in Begeisterung verfallen. Tatsächlich dominieren Angst und Skepsis die Gefühlslage des Mittelstandes, Resignation oder Aggression jene der sogenannten Unterschicht.

Diese Diskrepanz wird nun von unterschiedlichsten Gruppierungen auch in der Öffentlichkeit thematisiert. Einerseits scheint es da und dort einen Linksruck zu geben oder zumindest wird ein solcher als Drohung an die Wand gemalt. Andererseits verschärft das neoliberale System durch einschneidende Reformen seine Gangart und irritiert damit die BürgerInnen. Es ist kein Zufall, dass gerade in diesen Monaten der Begriff *Gutmensch* in den Medien und in politischen Diskussionen wieder verstärkt als Schimpfwort verwendet wird.

Mit diesen Gegebenheiten wird nach und nach jeder Mensch konfrontiert – egal, ob er/sie als Manager, als Angestellter oder als Beamter arbeitet oder als Teilzeitkraft oder Neuer Selbstständiger nur knapp über der Armutsgrenze lebt. Einen Paradigmenwechsel dieser Größenordnung kann man nicht einfach ignorieren, früher oder später muss jeder eine bewusste Entscheidung treffen: flüchten, standhalten, kämpfen oder überrollt werden. Der Druck auf den Einzelnen, sich in diesem System zu positionieren, wächst rasant. Doch unabhängig davon, ob jemand sich für die Werte der *guten alten Welt* oder jene der *schönen neuen Welt* entscheidet, ob jemand versucht, sich rauszuhalten oder den Kopf in den Sand zu stecken, der Kampf wird auf unterschiedlichen Ebenen der Gesellschaft für einige Zeit ein bestimmendes Element werden.

Um heute bestehen zu können, muss man den Wandel von der sogenannten sozialen Marktwirtschaft zum Neoliberalismus in seiner ganzen Tragweite begriffen haben und sich darin zurechtfinden. Dieser aktuelle Wertewandel strukturiert die gesellschaftlichen Schichten neu und macht selbst vor dem Individuum nicht halt. Diejenigen, die die Veränderung nicht rechtzeitig erkennen oder nicht bereit sind, darauf zu reagieren, geraten rasch ins Hintertreffen. Frustration, Krankheit und Depression sind oft die Folgen. Nur wer die neuen Spielregeln begreift, hat eine Chance und kann etwas bewirken. Entweder man befürwortet das neue System und beteiligt sich an der Verteilung der gesellschaftlichen und wirtschaftlichen Güter – oder man ist dagegen und engagiert sich aktiv im Widerstand. Viele halten sich bedeckt und warten auf die nächste Veränderung. Wer jedoch den Punkt des Handelns übersieht, wird überrollt. Erst mit einer bewussten Positionierung für oder gegen das System kann man wieder Verantwortung für sein Handeln übernehmen. Man wird vom Opfer zum Machtgestalter. Doch diese Entscheidung kann nur treffen, wer das Spiel versteht.

In der Zwischenzeit muss jeder Einzelne den Alltag bewältigen und sein Leben gestalten. Er/Sie muss für sich die Frage klären, wie man die Fülle an Informationen, Umbrüchen, Chancen und Bedrohungen nutzen kann, um den Lebensunterhalt zu bestreiten, einen Job zu ergattern, zu behalten oder Karriere zu machen, wie man komplexe und komplizierte Beziehungen zu Part-

nern, Kindern und Eltern gestalten und sich vielleicht noch ehren-
amtlich in sozialen oder gesellschaftspolitischen Initiativen engagieren kann. Ob sich dann letztlich eine der Wertewelten vollends
durchsetzen wird, ob es zum Kollaps kommt oder ob ein neues
Wirtschafts- und Wertesystem geschaffen wird, ist momentan
noch nicht abzusehen.

3. Kapitel

Wer oder was ist ein Gutmensch?

Wenn in politischen Diskussionen oder in den Medien der Begriff Gutmensch auftaucht, sorgt er zunehmend für Kontroversen. Die Bezeichnung „Gutmensch" transportiert durch die Silbe „gut" eine positive Konnotation und man sollte meinen, sie wäre für die Adressaten als Kompliment gemeint. Tatsächlich wird sie jedoch immer öfter als sarkastische Abwertung, ja sogar als Schimpfwort verwendet und löst bei vielen der als Gutmenschen Bezeichneten Reaktionen aus, die von Unverständnis über Gekränktheit bis zum Protest reichen. Man kann sich der Bewertung des Begriffs nicht mehr sicher sein. Verwendet man ihn unreflektiert, erzeugt man mit seinen Zuschreibungen leicht Verwirrung und findet sich mitunter auch in einer Kampfzone wieder.

Diese Entwicklung veranlasste sogar den österreichischen Bundespräsidenten Heinz Fischer dazu, in seiner Rede zur Eröffnung der Salzburger Festspiele 2006 auf diese Paradoxie Bezug zu nehmen: *„Es gibt mir immer einen Stich, wenn ich in Diskussionen registriere und nicht verstehen kann, warum in solchen Zusammenhängen Worte wie ‚Gutmensch', Intellektueller oder Political Correctness bei manchen negativ besetzt sind. Wer hätte denn mit Schlechtmenschen, Banausen und politischer Unkorrektheit mehr Freude?"*

Wie könnte man einen Gutmenschen beschreiben und wer zählt sich denn selbst dazu? Fragt man Menschen in der eigenen Umgebung danach, so kann man mit einer simplen „Feldstudie" unter dem Begriff Gutmensch eine Wertegemeinschaft sichtbar machen. Diese wird von ihren Teilnehmern positiv beurteilt und von ihren Gegnern naturgemäß lächerlich gemacht und missachtet. Der Gutmensch ist verwandt mit dem früher gebräuchlichen „Weltverbesserer". Eher im privaten Umfeld findet man oft eine ironische Verwendung für „das Herz am rechten Fleck haben", für großzügiges Verhalten oder für übertriebenen Altruismus. Seit den 1990er Jahren wird Gutmensch in eine enge Verbindung mit der politischen Korrektheit (Political Correctness) gebracht und anklagend auch als „Gesinnungsterror" verstanden, der mit moralischer Überheblichkeit gepaart ist.

Heute ist der Begriff weitgehend in die Alltagssprache eingegangen, wo er meist als negative Bezeichnung für Menschen verwendet wird, die sich zwar für moralische Ziele einsetzen, denen dabei jedoch Realitätsverlust unterstellt wird. In der öffentlichen Auseinandersetzung benutzt die politische Rechte den Begriff, um den Gegner zu diskreditieren. Indem sie „linke" Ideale wie Humanität, Solidarität und soziale Gerechtigkeit als „Gutmenschentum" abwertet, unterstreicht sie den Anspruch, selbst realistisch und auf Sachebene zu argumentieren und signalisiert gleichzeitig, dass Mitmenschlichkeit heute zum Gegenstand des Spotts werden darf. Durch die Einordnung des Gegenübers als „Gutmensch" wird die Diskussion auf eine persönliche Ebene und ins Lächerliche gezogen, um einer inhaltlichen Auseinandersetzung auszuweichen.

Würde man eine informelle Blitzumfrage bei einer als Gutmenschen eingestuften Zielgruppe machen, wäre man über das Ergebnis verwundert: Erstaunlich viele Menschen bezeichnen sich selbst freiwillig als Gutmenschen und identifizieren sich trotz Abwertung stark mit diesem Begriff – manchmal sogar mit einem gewissen „Jetzt-erst-recht"-Gefühl. Sie empfinden die Zuschreibung grundsätzlich positiv und fühlen sich durch die negative Verwendung des Begriffs persönlich angegriffen. Sehr zur Irritation ihrer Gegner, die sich ernsthaft fragen: „Wer will schon ein Gutmensch sein?"

Die Wertegemeinschaft der Gutmenschen

Versucht man, die Wertegemeinschaft der Gutmenschen zu beschreiben, so entdeckt man das ideologische Konglomerat der 1970er Jahre wieder: Idealismus, Humanismus, Sozialismus, Feminismus, Pazifismus, Ökologie- und Alternativbewegung, Zivilgesellschaft, Esoterik und New Age. Dazu zählen AnhängerInnen der christlich-sozialen Fraktion der Bürgerlichen ebenso wie jene der Sozialdemokratie und der Grünen, Funktionäre von Gewerkschaften, von NGOs, VertreterInnen von Bürgerinitiativen und Frauennetzwerken. Wir finden eine Häufung von Gutmenschen unter SozialarbeiterInnen, Pädagogen, Psychologen und Therapeuten, in den neuen Gesundheitsberufen und der Pflege, im freien Kunst- und Kulturbereich, in der alternativen Landwirtschaft und teilweise in der Beamtenschaft. Und – besonders zu beachten – Frauen sind bei den Gutmenschen deutlich in der Überzahl: Weil es darüber keine wissenschaftlichen Studien gibt, kann man nur beobachten und schätzen: Gutmenschen sind zu zwei Drittel weiblich.

Die Aufzählung der Gutmenschen-Gruppierungen liest sich wie der E-Mail-Verteiler des Sozialforums, in dem sich Systemkritiker und Globalisierungsgegner organisieren. Dies mag nicht weiter verwundern, weil es immer wieder Versuche gibt, die Kräfte dieser Wertegemeinschaft zu bündeln. Gutmenschen sind keiner bestimmten politischen Partei zuzurechnen und kommen aus den verschiedensten Lagern von konservativ über die Mitte bis ganz links. Bis jetzt haben diese Bemühungen zwar zu einigen beachtlichen Veranstaltungen wie den alternativen Wirtschaftsgipfeln oder den Weltsozialforen geführt, doch konnte der Schwung nicht aufrechterhalten und keine gemeinsame Struktur gefunden werden.

Der kleinste gemeinsame Nenner von Gutmenschen lässt sich vielleicht am besten so beschreiben: ein Bekenntnis zur Gemeinschaft, zum Sozialstaat, zur Umverteilung von Reich zu Arm im Sinne von ausgleichender Gerechtigkeit, zur Daseinsvorsorge als Aufgabe des Staats, zu einer für alle BürgerInnen frei zugänglichen Gesundheitsversorgung und Bildung, zur Solidarität mit den Entwicklungsländern, den Ländern des Südens, eine ablehnende Haltung gegenüber dem Neoliberalismus und den Auswüchsen der Globalisierung, der Wunsch nach stärkerer Regulierung der Wirtschaft durch den Staat, eine ökologische, friedensorientierte, feministische, nicht diskriminierende, antirassistische Grundeinstellung.

Gemeinsam sind den Gutmenschen auch ein Nahverhältnis zur arbeitenden Bevölkerung und eine kritische bis negative Haltung gegenüber dem Unternehmertum sowie gegen Führungsansprüche im Allgemeinen. Autoritäten erscheinen ihnen suspekt, die Angriffsschwelle ist äußerst niedrig. Gutmenschen haben Verdächtigungen und Projektionen, ja bisweilen sogar äußerst aggressive Attacken gegenüber jenen, die sich aus dem Kollektiv erheben, durchaus rasch bei der Hand. Sie vertrauen eher auf die Basis und deren Entscheidungskompetenz. Eine kritische Distanz haben Gutmenschen auch gegenüber den Nationalstaaten, dem Bürgertum, dem Klerus und den Religionen im Allgemeinen, während sie mitunter dem Buddhismus und anderen fernöstlichen Philosophien durchaus nahestehen. Bei New Age und Esoterik ist die Gruppe der Gutmenschen gespalten: Es gibt strikte Gegner, vor allem von links, aber auch begeisterte AnhängerInnen.

Gutmenschen entstammen zwei unterschiedlichen ideologischen Heimaten: Die einen kommen aus dem bürgerlich-christlichen Lager. Sie stehen ländlichen Regionen und Traditionen po-

50

sitiv gegenüber, möchten Brauchtum und Handwerk vor dem Vergessen bewahren und an die Jugend weitergeben. Die anderen sind im weitesten Sinne links, weltumspannend und urban. Viele von ihnen gehören dem marxistischen Lager an. Diese ideologische Zweiteilung spiegelt sich beispielsweise bei den Grünen und deren Aufspaltung in „Realos und Fundis" wider.

Der Trend zur Selbstständigkeit schlägt sich auch in der Gruppe der Gutmenschen nieder. Viele von ihnen sind als Einpersonen-Unternehmer tätig oder führen einen Mikrobetrieb. Diese Tendenz bringt vor allem den linken Flügel mit seiner unternehmerfeindlichen und arbeitnehmerfreundlichen Haltung in Konflikt. Sie verwirrt politische Parteien wie die Sozialdemokraten und die Grünen, die sich bisher eher wenig mit den Interessen von UnternehmerInnen beschäftigen mussten. Noch haben die Parteien nicht realisiert, dass ihnen dadurch neue Verbündete erwachsen könnten. Doch abgesehen von diesen speziellen Differenzierungen ist die Gruppe der Gutmenschen im Alltag wie auch in Kommentaren der Medien und in politischen Diskussionen deutlich identifizierbar.

Sind Gutmenschen die besseren Menschen?

Gutmenschen halten sich in Bezug zum heute dominierenden Wertekanon des Neoliberalismus wohl für die besseren Menschen. Sie sind davon überzeugt, die „richtige" Einstellung zu haben und die ethisch höher stehenden Ziele zu verfolgen. Diese Haltung wirkt für sie selbst und ihre Gesinnungsgeschwister ganz selbstverständlich, weil es ja noch nicht allzu lange her ist, dass ihre Wertegemeinschaft in der *guten alten Welt* das Sagen hatte. Aus diesem Grund ist auch das Bekenntnis der Zugehörigkeit zur Gruppe der Gutmenschen für sie immer noch positiv und befriedigend. Zudem haben sich ja die meisten irgendwann für die Durchsetzung dieser ideologischen Vorstellungen persönlich engagiert, haben Zeit und Geld investiert und gar nicht selten auch dafür gekämpft.

In den Augen ihrer Gegner sind Gutmenschen nicht besser, sondern lächerlich, penetrant und arrogant. Sie werden als Sozialromantiker, Gesinnungsterroristen oder weltfremde Idealisten links liegen gelassen. Bei der Analyse der Angriffe fällt allerdings auf, dass diese gegenüber den Linken wesentlich schärfer ausfallen als gegenüber den Christlich-Sozialen.

Gutmenschen und die Macht

In den Ohren der meisten Gutmenschen klingt schon die Frage nach ihren Macht- und Kampfstrategien sehr befremdlich. Sie meinen, sie würden sich überwiegend kooperativ verhalten und bei Konflikten nicht strategisch (= berechnend) vorgehen. Doch so friedlich, wie sie sich selbst sehen, werden sie von ihrer Umgebung nicht wahrgenommen. Berufliche wie private PartnerInnen fühlen sich von Gutmenschen oft unvermutet in Konflikte gezogen. Sie werfen ihnen Machtstreben und unfaire Praktiken vor. Dies stößt wieder bei den meisten Gutmenschen auf Unverständnis, weil sie in ihrem eigenen Verhalten den Machtanspruch oder die Kampfansage nicht erkennen können. Gutmenschen sehen den Machtbegriff nicht im Zusammenhang mit individuellen Strategien, sondern ausschließlich mit politischen oder ökonomischen Systemen, mit Institutionen oder mit Strukturen. Es ist kein Wunder, dass die wissenschaftlichen Publikationen der *guten alten Welt* zum Thema Macht großteils aus der Soziologie oder der Politologie stammen, wo hingegen die Psychologie bis heute nur spärliche Forschungsaktivitäten dazu aufweist.

Gutmenschen reagieren meist ratlos oder aggressiv auf die Frage nach ihren persönlichen Machtstrategien, weil in der breiten Mitte ihrer Gruppierung eine starke Bindung an die Friedensbewegung besteht. Damit einher geht oft eine Selbstverpflichtung zur gewaltfreien Kommunikation. Sie vertreten einen engen Machtbegriff, der sich nur auf Kampf und Gewalt bezieht, hingegen die friedlichen oder passiven Formen der Macht (Demonstrationen, Verhandlungen etc.) nicht dazu zählt. Diese Einstellung wird aus den unzähligen Theorien und Methoden gespeist, deren gemeinsamer Kern der Glaube an die Fähigkeit der Menschen zur gemeinsamen friedlichen Konfliktlösung ist. Etwa die Win-Win-Strategie, ein Element aus der Spieltheorie, bei der beide Parteien einen Nutzen erzielen können, die Gewaltfreie Kommunikation (Marshall B. Rosenberg) oder die Mediation, bei der die wahren Anliegen aller Beteiligten gleichermaßen Beachtung finden sollen. Publikationen und Schulungen dieser Art werden hauptsächlich von Gutmenschen produziert und vor allem auch von ihnen konsumiert, wodurch sich der Wertekanon der *guten alten Welt* immer wieder selbst reproduziert.

Nur am linken Rand der Gutmenschen-Bewegung propagiert und akzeptiert man Kampf und Gewaltanwendung offen als Möglichkeit zur Durchsetzung politischer Interessen.

Insgesamt wird jedoch der Machtbegriff im Zusammenhang mit der Verfolgung persönlicher Ziele tabuisiert. Legitim ist beispielsweise nur der Kampf des Kollektivs gegen den Kapitalismus, der ArbeitnehmervertreterInnen gegen die Industrie, der Frauen gegen das Patriarchat, der Friedensbewegung gegen die Kriegstreiber. Wenn Einzelne sich offen mit persönlichen Machtansprüchen beschäftigen, so löst dieser Tabubruch einen allgemeinen Abwehrreflex aus.

Machtprofis unter den Gutmenschen

Natürlich hatten und haben auch Spitzenfunktionäre von Gewerkschaften, von NGOs oder von Vorfeldorganisationen der Gutmenschen-Parteien einen Hang zur Macht, andernfalls würden sie nicht in Top-Positionen vordringen. Doch vor dem Paradigmenwechsel zur *schönen neuen Welt* gelang ihnen der Sprung nach oben nur mit systemimmanenten Mitteln, mit der Treue zu den Werten der *guten alten Welt.* Zu diesen gehörten neben dem Dienst an der Gemeinschaft auch durchaus weniger edle Praktiken wie Protektion und Vetternwirtschaft. Kam es zu Skandalen, so wurden diese mit dem persönlichen Versagen der Protagonisten erklärt. Sie hatten öffentlich ihre Schuld einzubekennen, Selbstkritik zu üben und ihre Mitgenossen zu entlasten. Dann wurden sie aus der Funktion entfernt und gut versorgt. Dieser Mechanismus wird von den Öffentlichkeitsarbeitern der Gutmenschen-Institutionen heute noch versucht, er greift allerdings nicht mehr. Machtprofis unter den Gutmenschen, die es heute zu etwas bringen wollen, müssen nach den Spielregeln der *schönen neuen Welt* spielen und zugleich ihrer Basis vermitteln, dass sie den alten Werten treu geblieben sind.

Die Grenzen der Gutmenschen

Aufgrund des eben beschriebenen Profils sieht es so aus, als würden Gutmenschen grundsätzlich allem reserviert gegenüberstehen, was mit Macht in Zusammenhang steht. Doch der Schein trügt. Auch Gutmenschen üben Macht aus – als Individuen sowie über ihre Organisationen, Interessenvertretungen und Parteien. Auch die Regierungen des realen Sozialismus kann man ja nicht gerade als Musterbeispiele für Friedfertigkeit bezeichnen. Dennoch besteht ein Unterschied in ihrem Verständnis von den erlaubten Formen der Macht und ihrer Legitimation. Es ist mitunter äußerst schwierig, mit Gutmenschen ein ernsthaftes Gespräch über ihre persönliche Beteiligung an der Macht zu führen. Wenn man sie direkt darauf anspricht, reagieren sie erbost über diese Zumutung. Es muss die Vorstellung aufrechterhalten werden, dass alles auf dem friedlichen Weg erreicht wird und dass Kampfansagen immer nur von den anderen ausgehen. Sie verwenden nahezu durchgängig verdeckte Kampftechniken und agieren unter Zuhilfenahme des Macht-Tabus.

Darüber hinaus gibt es auch wirkliche „Macht-Asketen" unter den Gutmenschen. Bei ihnen manifestiert sich die Vorstellung von einer besseren Welt meist in diffusen Sehnsüchten. Sie stellen möglichst keine Ansprüche, verhalten sich so unauffällig wie möglich und werden von ihrer Umgebung als pflegeleicht beschrieben. Auf offene Darstellung von Macht und erst recht auf Kampf reagieren sie äußerst ablehnend, nahezu allergisch. Extreme Ausprägungen dieses Verhaltens kann man durchaus als „Machtphobie" bezeichnen: eine bereits krankhafte Angst vor allen Erscheinungsformen der Durchsetzung von Interessen gegen einen Widerstand.

Doch selbst im weniger extremen Bereich glauben viele Gutmenschen ernsthaft an die Machtlosigkeit als Lebensform. Ihnen ist oft nicht bewusst, dass ihr bevorzugtes Machtinstrument das „Opfertum" ist. Bei Konflikten weichen sie immer weiter zurück, bis sie sich selbst schädigen und das Gegenüber aufgrund von Schuldgefühlen kapituliert. Sie realisieren nicht, dass ihre Art des passiven Widerstands auch eine Form des Kampfes ist, dass sie mit schwerem Geschütz hantieren, wenn sie die Werte des Gegners angreifen und abqualifizieren. So sehr sie die Sensibilität im Umgang mit anderen geografischen Kulturen entwickelt haben, so wenig können oder wollen sie diese Erkenntnis auf den politischen oder ideologischen Gegner anwenden. Sie sind immer wieder verwundert, wenn nach solchen Attacken der Gegner ausrastet und massiver zurückschlägt, als sie es erwartet haben. In dem Moment allerdings, wo die bevorzugten Techniken nicht erfolgreich sind und niemand darauf reagiert, gehen den Gutmenschen die Instrumente aus.

Hilflos stehen sie gezielten Angriffen auf die Person, systematischer Verfolgung oder böswilligen Intrigen gegenüber. Wenn sie in die Enge getrieben werden, folgt meist die Selbstzerstörung. Die einen greifen zu völlig inadäquaten Gegenstrategien: Beispielsweise führen sie einen Prozess, den sie sich eigentlich nicht leisten können, sprechen persönliche Beleidigungen aus, für die sie dann erst recht büßen müssen, oder werfen den Job hin, ohne auf einen möglichst guten Abgang zu achten. Sie reagieren meist mit Empörung aus dem Bauch heraus und machen die Sache für sich noch schlechter, was auf die schon erwähnte mangelnde Machtkompetenz zurückzuführen ist: Gerade hier wäre sinnvoll eingesetzte Eskalationstechnik hilfreich.

Der andere Typ von Gutmenschen wird durch den Stress, den die ständige Vermeidung von Auseinandersetzungen erzeugt, mit der Zeit psychisch oder physisch krank. Wieder andere werden, ohne es zu bemerken, in ihrem Fanatismus selbst Teil eines Gewaltsystems. Wenn diese Gutmenschen genug vom Opferdasein und vom Nachgeben haben und Gelegenheit zur Machtausübung bekommen, dann werden sie gar nicht selten besonders harte Chefs. Oder sie verwandeln sich in GeschäftspartnerInnen mit äußerst unangenehmen Verhandlungspraktiken oder korrupte PolitikerInnen mit einem ungesunden Verhältnis zur Macht.

Auch wenn Gutmenschen-Oganisationen unter Druck kommen, wählen sie fast immer die falschen Strategien und agieren unglücklich in den Medien. Ihre VertreterInnen bringen die falschen Argumente, lassen ihre Weggefährten im falschen Moment fallen oder geben ihnen Deckung bis zum totalen Eklat – und stets weht ein Hauch des Beleidigtseins um sie. Um eine Metapher zu bemühen: Gutmenschen wirken bei Konflikten wie eine überforderte Mutter, die zu wenig Anerkennung dafür bekommt, dass sie stets für alle sorgt. Ständig nörgelt sie, dass die Kinder doch den Müll trennen und sich gesund ernähren sollen. Letztlich veranlasst diese Mutter aber dann doch keine Maßnahmen zur Durchsetzung, es bleibt beim vorwurfsvollen Ton. Es gibt keine Strafen, weil sie die Stimmung in der Familie nicht verderben möchte und weil sie überhaupt für den Frieden und gegen autoritäres Verhalten ist. So treibt sie die Kinder erst recht aus dem Haus. Allein schon, um dem Klima des Beleidigtseins zu entkommen, wenden sich die Familienmitglieder ab. Die Mutter hingegen reflektiert auch dann ihr Verhalten nicht – sie trifft sich lieber mit anderen Müttern, um ihr Schicksal zu beklagen.

Abgesehen von philosophischen oder gesellschaftspolitischen Analysen betrifft der beschriebene Paradigmenwechsel auch das Individuum in seiner Lebensführung und in seinen Entscheidungen. Die *schöne neue Welt* verlockt mit dem Versprechen von Freiheit und Selbstverantwortung. Immer mehr Menschen geraten in diesem neuen System in mentale und/oder finanzielle Krisen. Die einen finden keinen Job und die anderen arbeiten bis zum Umfallen. Besonders für Gutmenschen ist das Leben in der *schönen neuen Welt* nicht gerade leicht. Unbehagen über die Gesellschaft und gleichzeitiger Misserfolg im Beruf – zu wenig monetäre oder menschliche Anerkennung – führen oft zu Selbstzweifel und Depressionen, Burn-out-Phasen oder chronischer Aggression.

Will der einzelne Gutmensch seine Situation verändern, dann hilft meist nicht die nächste Therapie oder die nächste Ausbildung in Psychotechniken. Es bleibt ihm nicht erspart, früher oder später der Realität der neuen Machtverteilung ins Auge zu blicken. Die Vorherrschaft ihrer Wertewelt ist zurzeit nicht gültig. Der Paradigmenwechsel ist bereits vollzogen, die *gute alte Welt* hält derzeit ihre Pforten geschlossen. Die *schöne neue Welt* hat die Macht bereits übernommen und ist damit schon viel tiefer in die Gesellschaft eingedrungen, als Gutmenschen glauben wollen.

4. Kapitel

Wir wollen die anderen Geld-Menschen nennen

Im nächsten Schritt geht es darum, die Antagonisten, die Gegenspieler für den Gutmenschen zu identifizieren. Damit ist jene Wertegemeinschaft gemeint, die für den Sturz der Gutmenschen verantwortlich gemacht werden kann und die ideologische Herrschaft übernommen hat. Um auch eine semantische Entsprechung zu schaffen, wollen wir diese Wertegemeinschaft „Geld-Menschen" nennen. Während der Begriff Gutmensch aus dem aktuellen öffentlichen Diskurs stammt, handelt es sich bei der Bezeichnung Geld-Mensch um eine Metapher, die für dieses Buch geschaffen wurde. Würde die Polarisierung auf einer philosophischen Ebene thematisiert werden, dann wären Gutmenschen auf der Seite der Idealisten anzusiedeln und Geld-Menschen auf der Seite der Materialisten. In der Sprache der Ökonomen wären Gutmenschen der Planwirtschaft oder dem Keynesianismus, der Regulierung durch den Staat zugeneigt. Geld-Menschen gehörten dem Monetarismus mit seinem neoliberalen Wirtschaftssystem an.

Was charakterisiert die Geld-Menschen? Das Wertesystem des Neoliberalismus ist nicht durch revolutionäre Massenbewegungen in der Vergangenheit entstanden wie jenes der Gutmenschen (zum Beispiel die Gründung der Gewerkschaften). Geld-Menschen können sich in Europa nicht auf berühmte Gründer berufen, die bei den Gutmenschen von Jean-Jacques Rousseau über Karl Marx bis Sigmund Freud reichen. Dieses neue Wirtschafts- und Gesellschaftssystem der Geld-Menschen ist auch nicht in der europäischen Wertegemeinschaft entstanden. Seine Wurzeln liegen in den USA und sind eher religiöser Natur. Während im katholischen Europa die Maxime gilt: Wohlstand verpflichtet zum Teilen, das Gemeinwohl steht über den Ansprüchen des Individuums, beruht der Neoliberalismus auf den Lehren des Schweizer Reformators Johannes Calvin (1509–1564). Seine Kernaussage besteht darin, dass der individuelle und materielle Reichtum des Menschen auf Erden gottgewollt sei und ihm auch für die himmlischen Ehren angerechnet würde. Er begründete jenes Arbeitsethos, das die Grundlage für das Gewinnstreben im Kapitalismus bildet. Dieser Zusammenhang wurde vom deutschen Wirtschaftswissenschaftler und Soziologen Max Weber (1864–1920) entdeckt und ausführlich in seiner Abhandlung „*Die protestantische Ethik und der ‚Geist‘ des Kapitalismus*“ dargestellt.

Um diese für europäische Vorstellungen provokante Ideologie des Rechts auf materiellen Reichtum zu untermauern, greifen Geld-Menschen heute auf die vor bereits über 200 Jahren vom Ökonomen Adam Smith entwickelte Metapher von der „unsichtbaren Hand“ zurück, die in der zweiten Hälfte des 20. Jahrhunderts vom österreichischen Ökonomen Friedrich August von Hayek aufgegriffen wurde. Als Wirtschafts-Liberaler ließ Hayek mit der These von der Selbstorganisationsfähigkeit des deregulierten Marktes aufhorchen: Egoistisches Verhalten des Individuums müsse ganz automatisch zum Wohlergehen der Gemeinschaft führen. Denn wenn es jedem Einzelnen gut ginge, würde es wie durch eine „unsichtbare Hand“ auch allen gemeinsam gut gehen. Freiheit und Selbstregulation gehören zu den Kernwerten der *schönen neuen Welt*.

Geld-Menschen sind quer durch die Gesellschaft auf allen Ebenen und in nahezu allen Bereichen zu finden, obwohl sie keine eigene politische Vertretung haben. In konservativen Parteien oder Wirtschaftskammern findet sich zwar immer noch ein großer, wenn nicht überwiegender Anteil an christlich-bürgerlichen Gutmenschen – doch die können derzeit keinen Einfluss nehmen. Die entscheidenden Positionen sind von Geld-Menschen besetzt.

Letztere sind auch nicht in einer neoliberalen „Bewegung" organisiert. Es gibt keine Gruppierungen an der Basis, die entschieden für diese Ideologie kämpfen würden. Doch obwohl der neue Wertekanon Europa still und leise erfasst hat und es kaum dezidierte Geld-Menschen-Organisationen gibt, lassen sich auch die Geld-Menschen in einer Typologie erfassen und Gemeinsamkeiten finden.

Die Wertegemeinschaft der Geld-Menschen

Die Ansichten der Geld-Menschen könnte man etwa so beschreiben: Staatliche Regulation und restkommunistisches Gleichheitsdenken behindern in Europa, besonders in Deutschland und Österreich, den freien Wettbewerb und die Entfaltung der Leistungsfähigkeit jedes Einzelnen. Die Bürger befinden sich in einer Umklammerung durch den Parteien- und Behördenstaat, sie warten auf Vollversorgung, anstatt Eigeninitiative und Kreativität zu zeigen. Der Zusammenbruch des Kommunismus hat dessen Postulate als Irrtümer aufgedeckt, der neoliberale Kapitalismus ist das einzig mögliche und das einzig funktionierende Wirtschaftssystem – es ist im jahrzehntelangen Wettstreit als Sieger hervorgegangen. Gewerkschaften sind ein Anachronismus aus einer Zeit, als die Arbeiter noch schwere körperliche Arbeit leisten mussten, heute behindern sie den Erfolg der Arbeitgeber. Eigentlich sind sie daran schuld, wenn Arbeitsplätze verloren gehen oder in Billiglohnländer verlegt werden, weil durch sie der Wirtschaftsstandort nicht konkurrenzfähig ist. Die Globalisierung würde, wenn man ihr endlich die Fesseln abnähme, Demokratisierung und Wohlstand für alle Menschen bringen. Die westlichen Länder profitieren jetzt schon davon und die Länder des ehemaligen Ostblocks und der Dritten Welt müssten nur noch von ihren korrupten Regimes befreit werden. Dann werden sich auch bei ihnen die Vorteile des freien Marktes durchsetzen, wie die weltweite Ausdehnung der Kommunikationssysteme, Verfügbarkeit neuer Technologien, Präsenz von Nachrichtensendern, Reise- und Transportfreiheit für Menschen und Güter, Verbreitung von Medikamenten und Therapien, das Angebot weltweit erzeugter Güter, die Anlagemöglichkeit privater Ersparnisse sowie die Verbreitung der Demokratie und Durchsetzung der Menschenrechte. Das Beste setzt sich durch zum Wohle und nach dem Votum des globalisierten Konsumenten, die Rückkopplung von Leistung und Gewinn ist das beste Mittel, um eine Gemeinschaft zum Blühen zu bringen. Globalisierung – die Selbstbestimmung des freien Menschen ist bereits jetzt eine ethische Erfolgsgeschichte.

Diese Weltanschauung findet sich auf der Ebene des Individuums wieder. Geld-Menschen halten andere Charaktereigenschaften für erstrebenswert und Erfolg versprechend als Gutmenschen. Daher haben angesehene Mitglieder der Geld-Menschen-Gruppierung etwa folgendes Persönlichkeitsprofil: leistungsorientiert, diszipliniert, strukturiert, organisiert, kaufmännisch denkend, strategisch, taktisch, verhandlungssicher, durchsetzungsstark, kämpferisch, innovativ, individualistisch, ehrgeizig, erfolgshungrig, sportlich, teamorientiert und zugleich hierarchiebewusst, flexibel, mobil, belastbar, unkompliziert, unsentimental, pragmatisch, selbstbewusst, loyal, sicher auf dem gesellschaftlichen Parkett, weltbürgerlich, mehrsprachig, interkulturell, gut ausgebildet, mit einer intakten Familie.

Diese Aufzählung liest sich wie das Anforderungsprofil in einem Stelleninserat für den Führungskräftenachwuchs eines internationalen Konzerns. Dies ist kein Zufall, denn es beschreibt zugleich den Prototyp des Geld-Menschen in der *schönen neuen Welt*. Was immer er denkt, tut und produziert, es muss einen Marktwert haben und wettbewerbsfähig sein. Nicht nur offensichtliche Konsumgüter, auch Gesundheit, Bildung, Wissenschaft, Kunst und Sport, ja sogar die Daseinsfürsorge – alles muss sich am Markt bewähren. „Es muss sich rechnen."

Eine Häufung von Geld-Menschen lässt sich unter den Managern internationaler Konzerne, bei Gesellschaftern und Geschäftsführern mittlerer und großer Betriebe, in der Finanzbranche, unter Freiberuflern (Rechtsanwälte, Wirtschaftstreuhänder, Ärzte und Architekten), zunehmend unter den höheren Beamten sowie unter den Vorständen privatisierter Staatsbetriebe feststellen. Natürlich haben Geld-Menschen auch entscheidende Positionen in der Politik erobert. Vor allem – aber nicht nur – finden wir sie in den sogenannten bürgerlichen und marktliberalen Parteien. Die Interessenvertretungen der Wirtschaft und natürlich der Industrie weisen die dichteste Konzentration an Geld-Menschen auf und zählen gemeinsam mit den einschlägigen Business Schools zu ihren Kaderschmieden.

Sind Geld-Menschen besser dran?

Geld-Menschen erzielen deutliche Vorteile bei der Teilnahme an den wirtschaftlichen Möglichkeiten der *schönen neuen* Welt. Sie stehen nicht unter einem ideologischen Doppeldruck wie die Gutmenschen, weil ihr persönlicher Wertekanon mit jenem des herrschenden Systems übereinstimmt. Geld-Menschen befinden sich als die neuen Opinionleader der Gesellschaft in vieler Hinsicht auf der Sonnenseite des Lebens. Da sie sich systemkonform zum Neoliberalismus verhalten, haben sie in den meisten Bereichen der Gesellschaft die besseren Aufstiegschancen und mehr Möglichkeiten, zu Geld und Ansehen zu kommen. Diese zeigen sich schon beim Einstieg in das Berufsleben, bei Bewerbungen oder beim Jobwechsel. Ausgeklügelte Personal-Auswahlverfahren wie Hearings oder Assessment-Center sind vor allem dazu da, um zu prüfen, ob der Kandidat, die Kandidatin systemkompatibel ist. Anderenfalls würden die mit ihm zu erwartenden Schwierigkeiten den Ablauf der Organisation zu sehr behindern, was selbst durch noch so gute Qualifikation nicht wettgemacht werden kann. Dieser Auswahlfilter der *schönen neuen* Welt wird durch geheime Codes noch verschärft, die sich mittlerweile für Kleidung und Benehmen etabliert haben. Sie sind äußerst subtil und nicht zu unterschätzen.

Geld-Menschen haben den Vorteil, dass viele von ihnen schon durch ihre Herkunft und Erziehung, ihr Studium oder die damit verbundenen Praktika ganz selbstverständlich in diese Geheimsprache eingeweiht wurden. Sie greifen automatisch zur richtigen Marke des Autos, der Uhr oder der Kleidung. Sie gehen zum richtigen Friseur, treffen sich in den richtigen Restaurants, trinken den richtigen Wein, betreiben die richtigen Sportarten und lesen die richtigen Bücher. Kurzum, sie bedienen sich der geltenden Insignien der Macht ganz natürlich und selbstverständlich. Quereinsteiger in die *schöne neue Welt* müssen diese Fähigkeit erst erwerben und bezahlen durch teure Seminare und umständliche Versuch-Irrtum-Verfahren einiges an Lehrgeld.

Die besseren Chancen der Geld-Menschen ziehen sich durch ihr ganzes Leben: Sie unterstützen einander in (Geheim-)Gesellschaften und Bünden und fördern die Karrieren ihrer Familienmitglieder. Geld-Menschen werden gerne weiterempfohlen, weil sie denselben „Stallgeruch" haben. Netzwerke mit ähnlichen Aufgaben bestehen zwar auch unter den Gutmenschen, aber diese haben durch den Paradigmenwechsel und die damit verbundene Machtverschiebung an den Spitzen der Unternehmen und Institutionen nicht mehr so viele Pfründe zu vergeben.

Geld-Menschen leben in der *schönen neuen Welt* sehr wahrscheinlich um einiges besser als in den Zeiten, in denen die Gutmenschen noch das Sagen hatten und eher im Hintergrund agieren mussten. Sie können heute wieder offen auftreten und haben ihren Platz an der Spitze der Gesellschaft zurückerobert.

Geld-Menschen und die Macht

Worin besteht die Stärke der Geld-Menschen? Im Zentrum ihres Wertekanons steht das „Ich", denn für Geld-Menschen ist das Ideal des Kollektivs, wie Gutmenschen es anstreben, nicht attraktiv. Sie fühlen sich vor allem als Individuum und erlauben sich Zielvorstellungen, die in erster Linie ihre Person betreffen. Erst in weiterer Folge ergeben sich daraus Fragen der Gesellschaft, des Sozialen oder der Ökologie. Was in der *guten alten Welt* als Egoismus gegolten hätte, wird heute in der *schönen neuen Welt* als Inbegriff des mündigen und eigenverantwortlichen Handelns gesehen. Geld-Menschen sehen im Niedergang des realen Sozialismus den Beweis, dass die Konzentration auf das Kollektiv gravierende Nachteile für den Einzelnen mit sich bringt und letztlich die gesamte Gesellschaft durch mangelnde Eigenverantwortung zugrunde gehen muss. Für dieses Credo der *schönen neuen* Welt passen einige Sprichwörter: „Jeder ist seines Glückes Schmied", „Dem Tüchtigen gehört die Welt" und gleichsam der Leitspruch des Neoliberalismus: „Wer nicht arbeitet, soll auch nicht essen".

Geld-Menschen haben kaum Probleme damit, sich zu ihrem Machtstreben zu bekennen und sich bei Interessenkonflikten durchsetzen zu wollen. Sie stehen nicht mit einem übergeordneten ideologischen Auftrag im Leben, sondern wollen einfach ihre Ziele, die sehr oft materieller Natur sind, erreichen. Sie haben ein relativ entspanntes Verhältnis zu Konkurrenz und Kampf.

Die Grenzen der Geld-Menschen

So paradiesisch, wie es aus der Ferne betrachtet aussieht, gestaltet sich allerdings auch das Leben von Geld-Menschen nicht. Sie nehmen für die Vorteile einen hohen Preis in Kauf. Einerseits werden sie von Sachzwängen des ständigen Wachstums- und Wettbewerbsdrucks getrieben. Sie müssen Börsenkurse steigern, Kosten einsparen, Personal abbauen, Firmen umstrukturieren sowie ihre Produkte und sich selbst unter starkem Konkurrenzdruck vermarkten. Dies alles unter dem Motto: Die Schnellen fressen die Langsamen. Ihre Gehälter, Prämien, Vertragsverlängerungen und Karrieresprünge hängen von der Erfüllung der vorgegebenen Ziele ab. Dies allein erzeugt schon Stress genug, und die meisten bezahlen ihre Erfolge mit dem Verlust der Lebensqualität, der Gesundheit oder ihrer privaten Beziehungen. Der Stress trifft jedoch nicht nur Geld-Menschen in Führungspositionen. Allein schon der Umstand, einen Job zu bekommen oder zu behalten, läuft nach denselben Gesetzmäßigkeiten ab und fordert seinen Tribut.

Zusätzlich werden Geld-Menschen noch von den ethischen Ansprüchen der Gutmenschen-Welt bedrängt, die ja noch nicht verschwunden ist, sondern gerade in den letzten Jahren wieder kräftigere Lebenszeichen von sich gibt. Das klingt vorerst unlogisch, sind wir doch davon ausgegangen, dass die *gute alte Welt* ein Auslaufmodell ist. Doch wie auch immer die weitere Entwicklung aussehen wird, derzeit fühlen sich große Teile der Gesellschaft noch den alten Werten verpflichtet – das Gros der MitarbeiterInnen, der Kunden und Medien-Konsumenten wie auch der Kleinaktionäre.

Geld-Menschen müssen die ständig steigenden Anforderungen der *schönen neuen* Welt nicht nur einfach erfüllen, sondern dies auf eine möglichst sozialverträgliche Weise tun. Es geht darum, die Einschnitte in angestammte Rechte, den Abbau von Mitarbeitern, die Sparmaßnahmen an allen Ecken und Enden seiner Klientel einsichtig zu machen, ohne sich selbst als Feindbild anzubieten. Es wird von ihnen verlangt, neoliberal zu handeln und sozial zu sprechen, sozusagen die Gutmenschen-Werte als Feigenblatt für die Geld-Menschen-Aktionen zu verwenden: Mitarbeiter positiv motivieren und als höchstes Gut betrachten, die Kommunikation und das Führungsverhalten partnerschaftlich gestalten, der Ökologie Genüge tun, die Sozialstandards in den Produktionsländern der Dritten Welt anheben, Sport und Kultur fördern. Damit versuchen Geld-Menschen in der Öffentlichkeit ein positives Image für sich selbst und ihr Unternehmen oder ihre Institution zu erzeugen.

Die Diskussion über Wirtschaftsethik wurde in den letzten Jahren zum fixen Bestandteil von Firmenklausuren, Symposien und Wirtschaftsmagazinen. Corporate Social Responsibility (CSR) fordert von den Unternehmen mehr Verantwortung gegenüber der Gesellschaft ein und der „Global Compact", eine Initiative Kofi Annans, ruft die Wirtschaftstreibenden dazu auf, ihre Firmenpolitik an den Zielen der Vereinten Nationen zu orientieren. Globale Akteure und regionale Betriebe sollen in Bezug auf die Menschen- und Arbeitsrechte sowie beim Umweltschutz in die Pflicht genommen werden. So kommen Geld-Menschen von zwei Seiten unter Druck: durch die Anforderungen ihres eigenen neoliberalen Systems bei gleichzeitiger Anpassung an die Wertewelt der Gutmenschen. Will der Geld-Mensch nicht selbst untergehen, ist er gezwungen, ständig äußerst anstrengende Doppelstrategien einzusetzen – andere Möglichkeiten stehen ihm zurzeit nicht zur Verfügung.

Für diese ständige Zerreißprobe erhalten Geld-Menschen im Allgemeinen eine großzügige Entlohnung. Doch auch sie leben nicht nur in finanzieller Sicherheit. Der gesellschaftliche Zwang zum Erfolg und zur Karriere ist heute stärker denn je und so stehen selbst Geld-Menschen ständig unter Stress. Sie quält die Angst vor einem Jobverlust und letztlich zollt man ihnen, auch wenn sie erfolgreich sind, zwar hohen Sozialstatus, aber nur wenig menschliche Anerkennung. Über Geld-Menschen in Führungspositionen, die zwischen Sachzwängen und menschlichen Bedürfnissen aufgerieben werden, schwebt ein Damoklesschwert. Entweder hält ihre Gesundheit der Belastung nicht stand und sie werden krank oder ihr mentales System versagt, sie machen Fehler und verlieren ihre Position. Geld-Menschen können sich selten den Luxus einer persönlichen Ethik leisten. Meist sind sie gezwungen, pragmatische Entscheidungen zu treffen und dann dem eingeschlagenen Weg treu zu bleiben.

Die Zugehörigkeit zur Führungsetage größerer Unternehmen oder die Rolle von Spitzenfunktionären verlangt die Anpassung des persönlichen Wertesystems an die von der Organisation vorgegebene Linie. Um die gesteckten Ziele zu erreichen, muss schon mal die Grenze zwischen dem, was erlaubt, und dem, was verboten ist, überschritten werden. Was von außen wie Tricks knapp an und auch jenseits der Grenze der Legalität aussieht, wird von Geld-Menschen als notwendiges Übel auf dem Weg zum Erfolg oder zur Sicherung des Erreichten wahrgenommen. Ein Wirtschaftssystem, das zum Wachstum gezwungen ist, lässt seinen Unternehmern, Managern und Politikern nicht viele Wahlmöglichkeiten. Es verlangt bestimmte Entscheidungen, selbst wenn sie mit der persönlichen Ethik kollidieren, wenn beispielsweise langjährige und verdiente MitarbeiterInnen gekündigt werden müssen oder dem Umweltschutz nicht mehr Genüge getan werden kann.

Auch Geld-Menschen werden in die Enge getrieben: „Ich oder der andere. Wenn ich die Kosten nicht reduziere, die MitarbeiterInnen nicht unter Druck setze, die Produktion nicht ins Ausland verlege, den Umweltstandard nicht reduziere, macht es eben ein anderer. Ich bin weg vom Fenster, werde gekündigt, finde keinen Job mehr, muss die Firma zusperren, verliere mein Mandat."

Zu alldem entsteht kaum mehr ein Wechsel zwischen Zeiten, in denen der Stress hoch ist, und solchen, in denen er wieder nachlässt – es gibt keine natürlichen Erholungsphasen mehr. Unternehmen führen Übernahmeschlachten und Verdrängungskämpfe um Marktanteile und Investoren, MitarbeiterInnen kämpfen am

Arbeitsmarkt – sei es, um den Job nicht zu verlieren oder wieder einen zu ergattern. Die Gegner wechseln ständig und es heißt: jeder gegen jeden. Je höher oben in der Hierarchie und je größer das Unternehmen, umso härter sind die Maßnahmen, die mitzutragen sind. Das System verlangt von Geld-Menschen taktisches Vorgehen, Fassaden-Techniken, geheime Seilschaften und oft auch Intrigen oder Angriffe aus dem Hinterhalt. Der Kampf ist ein Dauerzustand.

Nun könnte man einwenden, jeder Mensch habe die Freiheit, über sein Schicksal zu entscheiden. Doch das würde die Bereitschaft erfordern, die persönlichen Konsequenzen des Abstiegs oder Ausschlusses aus der *schönen neuen Welt* zu tragen. In diesem Spannungsfeld werden zurzeit nicht nur Gutmenschen, sondern auch immer mehr Geld-Menschen aufgerieben. Sie entfernen sich von ihren eigenen Idealen und Werten und geraten in ein Dilemma zwischen dem persönlichen Anspruch und den gesetzten Zielen. Um zu bestehen, verstärken sie ihre Anstrengungen, ergänzen ihr Fachwissen durch Informationstechnologien, Public Relations und Finanzierungstricks. Sie verstärken ihr Eigen-Marketing durch ausgefeilte Techniken der Selbst-Präsentation und der Verhandlungsführung, sie lernen Kampfrhetorik und Durchsetzungsstrategien.

Die Schattenseite dieser Vorgangsweise ist, dass ein ständig eingeübtes Verhalten mit der Zeit die gesamte Person vereinnahmt. Viele Geld-Menschen können sich in ihren Herz-Beziehungen nicht mehr vertrauensvoll öffnen, können nicht mehr spontan sein, sich nicht mehr fallen lassen. Sie sind ständig auf dem Wachposten, müssen alles unter Kontrolle haben. Ein solches Leben führt sehr bald zu negativen Auswirkungen auf ihre Beziehungen und auf ihre Gesundheit. Eine Zeit lang versuchen sie dem Druck noch mit sportlichen Aktivitäten zu begegnen, später ihn mit Alkohol oder Medikamenten zu betäuben. Das Gefühl der Einsamkeit macht sich bei Geld-Menschen schneller und schärfer bemerkbar als bei anderen. Manche halten ihre Ehen nur noch zum Schein und unter großen Mühen aufrecht, weil in ihrer Wertewelt eine intakte Familie zur Grundausstattung gehört.

Andere werden mit den Problemen ihrer Kinder nicht mehr fertig. So können jene Strategien, die in den Leistungs-Beziehungen in der *schönen neuen Welt* den Erfolg ermöglichen, auf lange Sicht das gesamte Leben zerstören. Wieder andere Geld-Menschen sind gefährdet, mit zunehmendem Erfolg das Augenmaß und die Bodenhaftung zu verlieren. Sie werden fanatisch oder süchtig nach der Macht. Allmählich bringen sie sich selbst und andere in immer größere Gefahren, bis sie endgültig daran scheitern. Auch für Geld-Menschen gäbe es geheime Spielregeln zu entdecken – doch was sie brauchen, sind nicht noch mehr Kompetenzen im Bereich der Macht, sondern ist mehr Verständnis für das Wesen von Herz-Beziehungen und für die Bedeutung von funktionierenden Gemeinschaften. Doch das ist eine andere Geschichte.

5. Kapitel

Im fremden Lager

Manche LeserInnen werden sich vielleicht an dieser Stelle fragen, ob die Typologie der Gutmenschen und Geld-Menschen wirklich durchzuhalten ist, ob man Menschen tatsächlich auf diese Weise in zwei Gruppen einteilen kann. Eindeutig lässt sich die Trennung tatsächlich nicht vornehmen. Genau genommen handelt es sich bei der Bezeichnung „Gutmensch" oder „Geld-Mensch" auch nicht um die Klassifizierung einer Person in ihrer Gesamtheit. Vielmehr wurde damit eine Metapher geschaffen, um einen Werte- und Verhaltenskanon sichtbar zu machen. Gutmenschen- und Geld-Menschentum schließen einander nicht gänzlich aus. Sie können in ein und demselben Individuum in unterschiedlichen Ausprägungen wirksam werden, denn in jedem von uns stecken Anteile von beiden. Wir alle leben mehr oder weniger in beiden Welten und verhalten uns je nach Situation verschieden. Dennoch lässt sich bei den meisten Menschen ein Übergewicht entweder in Richtung der Werte der Gutmenschen oder der Geld-Menschen feststellen.

Speziell in Zeiten des Umbruchs gelten in einer Gesellschaft alte und neue Spielregeln zugleich. Man wird ständig mit Veränderung konfrontiert – immer weniger ist vorhersagbar. Oft ist selbst das eigene Verhalten oder das von einem guten Freund irritierend und ungewohnt. Die Grenzen sind nicht mehr scharf zu ziehen, Freunde und Gegner wechseln rascher als früher und lassen sich oftmals nicht leicht voneinander unterscheiden. In beiden Welten ringen Menschen um neue Standpunkte oder müssen sich zwangsweise den neuen Gegebenheiten stellen. Manche verteidigen ihre Überzeugungen vehement, selbst wenn sie dafür große persönliche Opfer bringen müssen – seien es materielle, gesundheitliche oder soziale. Doch selbst wenn der/die Einzelne für sich eine Entscheidung getroffen und sich positioniert hat, bestehen die Wertewelten dennoch nebeneinander. Selbst wenn man sich einer Welt zugehörig fühlt, so kann man sich nicht davor verschließen, dass es auch andere gibt. Und diese sind nicht nur weit weg auf einem fernen Kontinent als exotisch zu bestaunen, sondern sie befinden sich gleich nebenan, in der Firma oder in der eigenen Familie. Neues und Altes, Bekanntes und Fremdes existieren in unserer Gesellschaft nebeneinander, wobei jedes System seinen eigenen Spielregeln folgt. Prallen die Systeme unreflektiert aufeinander, entstehen oft paradoxe und verwirrende Situationen – sowohl beim Individuum als auch in den Unternehmen und in der Gesellschaft.

Nicht nur Individuen, auch Wertewelten lassen sich nicht eindeutig zuordnen. Menschen leben ja nicht in „Wertereservaten", sondern ziehen vielmehr wie Nomaden von einem Ort zum nächsten. Sie wechseln täglich von ihrem Arbeitsplatz in ihr Privatleben und umgekehrt. Viele sind zu den Geld-Menschen ausgewandert und integrieren sich, ohne ihre Herkunft ganz zu vergessen. Andere haben die Seiten gewechselt und bekämpfen nun ihre ursprünglichen Ideale. So verwundert es nicht, dass in ein und demselben Unternehmen beide Wertewelten aufeinandertreffen.

Wie Menschen mit den Spielregeln der Macht zurechtkommen, ist grundsätzlich nicht von der Lebenseinstellung abhängig. Man findet sowohl unter den Gutmenschen als auch unter den Geld-Menschen Personen mit geringer und mit großer Fähigkeit zur Durchsetzung von Interessen – also *Machtamateure* und *Machtprofis*. Während Machtamateure unter den Gutmenschen glauben, dass man in der *schönen neuen Welt* mit den alten Werten wie beispielsweise Ehrlichkeit und Offenheit erfolgreich sein kann, eignen sich die Machtprofis sehr rasch die Einstellung der Geld-Menschen an.

Obwohl Profis aus beiden Welten erfolgreich sein können, gelangen sie doch auf anderen Wegen zum Ziel und verhalten sich in ihren Funktionen unterschiedlich. Geld-Menschen haben dabei einen nicht zu unterschätzenden Vorteil: Ihr Verhalten befindet sich im Einklang mit ihren Grundwerten, wodurch sie kräfteschonender agieren können. Die Machtprofis der Gutmenschen sind hingegen gezwungen, eine starke Spannung zwischen ihrem Verhalten und ihren Werten in Kauf zu nehmen. Sie müssen unpopuläre Entscheidungen gegenüber ihren MitarbeiterInnen, Genossen und WählerInnen als sozial und menschlich verkaufen, wenn sie nicht als Verräter gelten wollen.

Gutmenschen sind ohnedies sehr sensibel, wenn es um äußere Zeichen von Anpassung an die Geld-Menschen geht. Sie nehmen dann Gerhard Schröder den Brioni-Anzug, Oskar Lafontaine den Champagner und dem österreichischen Ex-Gewerkschaftspräsidenten Fritz Verzetnitsch sein Penthaus übel. Daher müssen Gutmenschen in hohen Positionen auch wesentlich mehr Augenmerk als Geld-Menschen darauf richten, mit welchen Statussymbolen sie agieren. An der Spitze ihrer eigenen Organisationen müssen sie sehr zurückhaltend mit den Insignien der Macht umgehen, die augenscheinlich aus der Welt der Geld-Menschen kommen. Würden sie diese unreflektiert einsetzen, gewinnen sie zwar den Respekt der Geld-Menschen, verlieren aber gleichzeitig die Glaubwürdigkeit für ihre eigenen AnhängerInnen.

Gutmenschen an der Spitze von Geld-Menschen-Organisationen

Gutmenschen können durchaus an die Spitze von Organisationen der *schönen neuen Welt* vordringen. Manche geraten durch Zufall oder Automatismen in hohe Positionen, etwa als Belegschaftsvertreter in den Vorstand eines Konzerns oder als Präsident einer Interessenvertretung in den Aufsichtsrat einer Bank. Andere schaffen es mit guten Kontakten oder Gegengeschäften. (Nochmals zur Erinnerung für eingefleischte Gutmenschen-LeserInnen: Man kommt nicht durch Fleiß oder operative Höchstleistungen in Spitzenpositionen, sondern durch Machtkompetenz.)

Wollen Gutmenschen an der Spitze von Geld-Menschen-Organisationen langfristig erfolgreich sein, dann müssen sie die Spielregeln der *schönen neuen Welt* perfekt beherrschen. Auch wenn sie deren Werte nicht teilen, ist es unerlässlich, eine erstklassige Performance abzuliefern. Jene, die sich länger in ihrer Position behaupten können, verfügen über eine hohe physische und psychische Belastbarkeit. Sie schaffen den Tanz auf dem Hochseil, das zwischen ihren eigenen ideellen und den materiellen Werten der Organisation gespannt ist. Bei der Umsetzung der monetären Ziele ihrer Organisation entwickeln sie ein hohes Maß an Toleranz oder Verdrängung gegenüber den ideologischen Verwerfungen der *schönen neuen Welt*. Gelingt ihnen das nicht, ist das Scheitern vorprogrammiert.

Was geschieht, wenn ein überzeugter Gutmenschen-Chef versucht, seine soziale Ader beispielsweise in einem börsennotierten Unternehmen umzusetzen? Er wird trotz seiner Machtposition innerhalb weniger Monate aufgerieben und muss oft aus Gesundheitsgründen die Bühne verlassen. Diese Symptome kann man bei Quereinsteigern in der Politik beobachten, bei Geschäftsführerinnen, die Scheu vor Konkurrenz haben, oder bei Abteilungsleitern, die Partnerschaftlichkeit in der Führung leben wollen. Ebenfalls in diese Kategorie fallen viele klassische Organisationsentwickler und BeraterInnen, die ja meist zu den Gutmenschen gehören. Sie setzen ihren Ehrgeiz daran, die Geld-Menschen-Organisation von der Basis aus (bottom up) auf Erfolgskurs zu drehen. Meist beschleunigen sie jedoch in der Verkennung der Machtverhältnisse in der *schönen neuen Welt* dadurch nur die Erosion der Strukturen. Sie werden funktionalisiert oder verlieren den Auftrag.

Gutmenschen, die aus Überzeugung oder aus Überschätzung ihrer Macht versuchen, ihre alten Mechanismen innerhalb von Geld-Menschen-Organisationen durchzuziehen, leben sehr gefährlich. Wenn sie sich nicht anpassen, wird sich niemand offen mit ihnen auseinandersetzen, es wird keine Fragen und keine Erklärungen geben. Sang- und klanglos wird das „Immunsystem" der Geld-Menschen-Organisation sie als Fremdkörper identifizieren und ausscheiden. Oft wird dieser Prozess als Mobbing missverstanden, doch meist verläuft die „Säuberung" so unauffällig, dass Gutmenschen selbst nach dem dritten Misserfolg immer noch glauben, die Umstände wären schuld gewesen. Man kann in den Medien immer wieder Abstürze prominenter Fälle mitverfolgen. Die vielen unbekannten Gutmenschen, die versuchen, die Gesellschaft an ihrem Arbeitsplatz zu ändern, scheitern hingegen, ohne dass die Öffentlichkeit von ihnen Notiz nimmt.

Gutmenschen, die Karriere in Geld-Menschen-Organisationen machen wollen, sei daher ins Stammbuch geschrieben: Wer die Gesellschaft ändern möchte, muss sich außerhalb des Arbeitsplatzes quasi im Untergrund organisieren und politische Instrumente wählen. Ein „Partisanenkampf" im Unternehmen bleibt ohne Wirkung, beendet die Karriere und dient nicht im Geringsten der Veränderung des Gesamtsystems.

Geld-Menschen an der Spitze von Gutmenschen-Organisationen

Geld-Menschen finden wir nicht nur in den naheliegenden Branchen, sondern auch an der Spitze von Gutmenschen-Institutionen. Obwohl es sich bei dieser Konstellation eigentlich um ein Paradoxon handelt, ist es immer häufiger anzutreffen und Ursprung vieler Konflikte. In manchen staatsnahen Institutionen, im Gesundheits- und Bildungsbereich, in NGOs, in der Regionalentwicklung, ja sogar in jenen Parteien, die eigentlich der *guten alten Welt* verpflichtet wären, werden Geld-Menschen in Führungspositionen berufen. Grund dafür ist meist die wirtschaftliche „Sanierung" dieser Organisationen, sie sollen aus den roten Zahlen geführt werden, Gewinne sind zu erzielen.

Ist die Geld-Menschen-Führung einmal installiert, verläuft die Dynamik immer nach dem gleichen Muster: Sie führt umgehend die Spielregeln der *schönen neuen Welt* ein und konfrontiert die Gutmenschen-Basis übergangslos und unvorbereitet mit dieser neuen Kultur. In der Alltagssprache läuft dies unter dem Appell: „Wir müssen uns marktwirtschaftlich positionieren, unser verstaubtes Image loswerden und zu einer schlanken und wettbewerbsfähigen Organisation werden." In den meisten Fällen führt der Überraschungseffekt zum Erfolg. Die MitarbeiterInnen mitsamt ihrer Belegschaftsvertretung fügen sich widerspruchslos. Kommt es doch zu Protesten, so erleichtern diese dem neuen Management die Arbeit: Es ist auch dort einfacher, jene MitarbeiterInnen, die sich damit als illoyal erwiesen haben, auf die Liste für die ohnedies anstehenden Kündigungen zu setzen.

Manchmal schafft es eine Gruppe von Gutmenschen, sich zu solidarisieren und durch ihren Widerstandskampf den Vertreter der *schönen neuen Welt* wirklich aus seiner Position zu vertreiben. Doch die Freude ist nur von kurzer Dauer, denn als Nachfolger wird meist ein Geld-Mensch von größerem Kaliber bestellt, dem die ideologische Schubumkehr dann gelingt.

Geld-Menschen, die als Vorgesetzte in Gutmenschen-Organisationen erfolgreich sind, fahren auch eine Doppelstrategie: Sie sprechen die Sprache der Gutmenschen, betonen die gemeinsamen Werte wie Teamgeist, Loyalität und Ehrlichkeit und stellen Jobgarantien, Prämien und Positionen in Aussicht. Es dauert oft Jahre, bis Gewerkschaft und Mitarbeiter erkennen, dass die Handlungen mit den Versprechungen wenig gemein haben.

Oft wollen Gutmenschen-Organisationen mit Managern der Geld-Menschen erfolgreich sein. Wenn sie damit scheitern, ist das jedes Mal ein Fressen für die Medien. In Kommentaren und in umgehend auf den Markt gebrachten Publikationen nimmt die Diskrepanz der Wertewelten breiten Raum ein. War es die Schuld der Organisation, hat diese den Falschen an die Spitze kommen lassen? Oder war es die Schuld des Einzelnen, dessen Charakter von der Macht verdorben wurde? Jedenfalls werden Gutmenschen-Organisationen, die versuchen, mit Methoden der *schönen neuen Welt* zu reüssieren, schärfer unter die Lupe genommen als Geld-Menschen-Institutionen: Im Fall einer Gewerkschaftsbank, die sich verspekuliert, liegt ein Systembruch vor und provoziert umgehend eine Ideologiediskussion. Geht eine Geld-Menschen-Bank pleite, ist das Problem systemkompatibel. Dieser Fall wird als eine unangenehme Panne erlebt, die meist sehr leise behoben werden kann.

6. Kapitel

Bevorzugte Machtstrategien der Gutmenschen

Gutmenschen haben mit dem Siegeszug des Neoliberalismus, der Ausbreitung der *schönen neuen Welt*, ihren Status als ideologische Themenführer verloren. Sie können nicht mehr mit allgemeiner Zustimmung rechnen, wenn sie moralische Appelle in die Diskussion werfen. Vielmehr weht ihnen heute ein rauer Wind ins Gesicht. Die Abwertung ihrer *guten alten Welt* ist bereits voll im Gange und ihr Selbstbild wird seit einigen Jahren einer heftigen Zerreißprobe unterzogen. Die ihnen wesensfremden Werte der *schönen neuen Welt* drängen mit aller Macht herein und haben mittlerweile alle Schichten der Gesellschaft erfasst. Gutmenschen geraten unter den Spielregeln der *schönen neuen Welt* immer mehr unter Druck und fühlen in vielen Situationen ihre Ohnmacht. Machtstrategien, die in der *guten alten Welt* erfolgreich waren und in ihrem eigenen Umfeld auch noch sind, bleiben Geld-Menschen gegenüber wirkungslos oder sind gar kontraproduktiv. Die VertreterInnen der *schönen neuen Welt* haben den Gutmenschen als Machtprofis den Rang abgelaufen. Diese wirken in dem Spiel bestenfalls wie bemühte Amateure, im schlechtesten Fall wie Stümper.

Gutmenschen geraten als ehemalige Machtprofis heute deshalb so schnell ins Hintertreffen, weil sie noch nicht realisiert haben, dass der Neoliberalismus seine Herrschaft bereits angetreten hat und nicht erst als zukünftige Gefahr droht. Das herrschende System hat die neuen Spielregeln in allen Bereichen schon fest verankert. Doch diese neuen Mechanismen sind den Gutmenschen noch weitgehend verborgen geblieben. Man kann mit den heute geltenden Spielregeln nicht einverstanden sein, man kann sie brechen, aber man kann sie nicht ignorieren. Wenn Regeln einmal in einer Gesellschaft etabliert sind, dann muss man sie zuerst verstehen, um entscheiden zu können, ob man mitspielen oder sie ändern möchte. In jedem Fall benötigt man wirksame Strategien zur Auswahl und nicht solche, die im derzeit gültigen Kontext ihre Kraft verloren haben.

Die folgenden drei Verhaltensweisen zählten zur Zeit der Vorherrschaft der *guten alten Welt* zu den effizientesten Machtstrategien, welche die Gutmenschen hervorgebracht haben. Weil sich die Spielregeln geändert haben, können sie damit in der *schönen neuen Welt* nicht mehr punkten.

Moralisieren und Missionieren

Gutmenschen verpacken ihre eigenen Bedürfnisse oft in allgemeingültige Ansprüche oder moralische Forderungen und erwarten die persönliche Befriedigung als Nebenprodukt oder logische Folge davon. Sie sagen selten direkt, was sie für sich selbst wollen. Dieses Verhalten zählt zu den verdeckten Machtstrategien und kann durchaus wirksam sein – es wird insbesondere im religiösen Umfeld gerne praktiziert. Allerdings ist man mit einem solchen indirekten Appell nur dann erfolgreich, wenn das Gegenüber derselben Wertewelt angehört wie man selbst. An einem Gegner, der andere Idealvorstellungen von der Welt hat, prallt er einfach ab. Ein persönliches Opfer bleibt unbedankt, es kommt keine Umwegrentabilität, kein indirekter Austausch in Gang. Alle Anstrengungen sind dann wirkungslos, die Angriffe gehen ins Leere.

Wurde ein Gutmensch beispielsweise bei der Prämienverteilung in seinem Unternehmen übergangen, dann kann es leicht passieren, dass ihm ein Vorwurf an den Vorgesetzten über die Lippen kommt: „Ihre Kriterien für die Vergabe der Prämien sind aber sehr ungerecht!" Abgesehen davon, dass dies einen Angriff gegen die Person darstellt und ein solcher von den meisten Menschen als unfair eingestuft wird, ist er nur dann wirksam, wenn der Angesprochene denselben Wert – in diesem Fall „Gerechtigkeit" – für sich etabliert hat und deswegen Schuldgefühle bekommt. Ein Vorgesetzter aus der *schönen neuen Welt* würde der Forderung nach einer Prämie aber keineswegs aufgrund eines moralischen Drucks wegen des Gerechtigkeitsprinzips nachkommen. Er würde eher mit individuellen Leistungsnachweisen und Nutzenargumenten zu bewegen sein.

Gutmenschen setzen die „moralische Keule", den Appell oder Vorwurf meist mit großer Naivität ein. Sie unterschätzen die Schärfe dieser Waffe. Ihr Verhalten gleicht dann jenem von christlichen Missionaren, die mit den besten Absichten, die Menschen zu erlösen, in deren Länder eindrangen, ihre Kulturen missachteten und dann überrascht waren, wenn sie mit Gewalt konfrontiert wurden. Gutmenschen erkennen jedoch meist zu spät, wenn das Moralisieren aufgrund anderer Wertewelten völlig wirkungslos bleibt. Sie verbeißen sich immer mehr darin, anstatt rasch und gezielt eine andere Methode einzusetzen.

Emotionalisieren und Psychologisieren

Gutmenschen äußern sich oft und gern über ihre persönlichen Befindlichkeiten – meist ohne zu merken, dass ihr Verhalten von anderen als Druckmittel oder als Aggression verstanden werden könnte. Gelernt haben sie diese Strategie in psychologischen Schulungen aus der Motivation heraus, sich selbst von Zwängen zu befreien und ihre Beziehungen zu verbessern. Das Ziel war ursprünglich, die Neurosen, die durch die Sozialisation in der bürgerlichen Kleinfamilie zwangsläufig entstehen mussten, loszuwerden.

Unzählige Schulen der humanistischen Psychologie, Gruppendynamik, Kommunikationstraining und ähnliche Selbsterfahrungsmethoden der 1970er und 1980er Jahre waren darauf ausgerichtet, die TeilnehmerInnen in die Lage zu versetzen, ihre „Charaktermasken abzulegen". Sie sollten ihre wahren Gefühle in jedem Moment wahrnehmen lernen, „sich spüren" und nur das tun, was im Moment „stimmt". Der in diesem Zusammenhang oft gebrauchte Satz „Störungen haben Vorrang" wurde zur gesellschaftlichen Grundhaltung und gelangte durch die betriebliche Bildung bis weit hinein in die Unternehmenskulturen. Die bürgerlichen Arbeitstugenden wie Selbstdisziplin, Zurückhaltung, Höflichkeit und Etikette sowie die Fähigkeit zum Aufschub von Gefühlsäußerungen oder Bedürfnissen zugunsten eines Leistungszieles waren mit der 1968er-Revolution geschwächt, ja in vielen Bereichen außer Kraft gesetzt worden. Was seither in der Wertegemeinschaft der Gutmenschen zählt, ist die augenblickliche Befindlichkeit des Einzelnen und die Wiederherstellung seines Wohlbefindens.

Der Großteil der Gutmenschen beschäftigt sich im Laufe des Lebens in irgendeiner Form mit seinem Innenleben, durch Psychotherapie oder esoterische Methoden wie Astrologie, Energiearbeit, Rückführungen in vergangene Leben, Familienaufstellungen oder Ausbildungen für Mediation oder Coaching. Sie investieren in ihre psychische Entwicklung ebenso hohe Summen wie Geld-Menschen in den Erwerb eines Hauses mit Garten oder eines Sportwagens. Gutmenschen wissen meist viel über sich selbst, ihre Stärken und Schwächen und über die verborgenen Seiten der Seele. Kein Wunder, dass sie ihr Verständnis und ihre Sensibilität für das Innenleben sehr hoch einschätzen und diesen Wert auch nutzen möchten.

Gutmenschen tendieren in hohem Maße zur Selbstreflexion. Das macht sie im besten Falle weniger anfällig für innere und äußere Sabotage oder Bestechungsversuche. Sie sind in der Lage, ihre verborgenen Motive aufzuspüren und ihre nicht mehr nützlichen Konditionierungen abzulegen. In weiterer Folge können sie gut auf andere Menschen eingehen, gut zuhören, sich in andere hineindenken. Wo der Geld-Mensch mit trockenen Fakten agiert, bringt der Gutmensch die menschliche Seite ins Spiel und gewinnt damit sehr oft die Partie. Er spricht die Gefühle des Gegenübers an, appelliert an das Mitgefühl, erhält Aufmerksamkeit und bietet diese auch dem anderen an. Die Macht der Gefühle wird aber nicht nur in ihrer sanften Version eingesetzt. Gutmenschen haben wenig Scheu vor Gefühlsausbrüchen. Weinen, Toben, Schreien, Schimpfen galten für Jahrzehnte in der Psychoszene als Ausdruck einer befreiten Persönlichkeit, während Selbstbeherrschung, Disziplin und Höflichkeit als Zeichen eines kleinbürgerlichen Charakterpanzers verstanden wurden.

Ein solches Verhalten ist natürlich sehr dazu angetan, das Schutzschild des Gegenübers zu durchbrechen. Der Druck, den Gefühlsausbrüche erzeugen, ist enorm. Selbst Gutmenschen, die viel Erfahrung mit dieser Form der Auseinandersetzung haben, können sich ihrer Wucht kaum entziehen. Umso mehr trifft es jemanden, der darauf nicht vorbereitet ist. Gutmenschen erreichen mit dem überraschenden Ausdruck ihrer Emotionen oft, was sie wollen, ohne dass sie sich so richtig bewusst wären, warum. Meist handelt es sich dabei jedoch um einen Einmal-Effekt. Sobald der Gegner die Strategie des Emotionalisierens durchschaut hat, verstärkt er seine Abwehr durch Abwertung und Distanz.

Ein weiterer Aspekt dieser Strategie ist das Psychologisieren. Dabei werden Emotionen nicht ausgedrückt, sondern analysiert. Gutmenschen können minutiös über ihr eigenes Innenleben sprechen und stellen ständig Vermutungen über die eigentlichen Absichten und Motive anderer an. Meist betreiben sie dies als Form der Kommunikation zum Zeitvertreib anstelle von Small Talk. Manchmal wenden sie diese Methode auch bis zum Zusammenbruch des Gegenübers an – meist nicht mit Absicht, sondern im guten Glauben, damit einen Interessenkonflikt auf konstruktive und friedliche Weise lösen zu können.

Die Strategie des Emotionalisierens und Psychologisierens birgt für Gutmenschen einige Gefahren. Sie agieren einfach, ohne sich des großen Machtpotenzials bewusst zu sein, das darin verborgen liegt. Sie wissen über die Kraft dieser Ressource nicht Bescheid und können sie daher nicht effizient einsetzen. Anstatt ihre psychologischen Kenntnisse im Falle eines Interessenkonflikts dafür zu verwenden, den Gegner besser einzuschätzen und seine Motive zu durchschauen, machen sie oft das Gegenteil: Sie tragen ihre Befindlichkeiten sogar in Situationen vor sich her, in denen dies nicht zielführend ist und benehmen sich damit wie Neureiche, die ständig mit ihren Anschaffungen protzen müssen. Zudem beschäftigen Gutmenschen sich gerne mit Mutmaßungen über die „wahren" Hintergründe der anderen und übersehen dadurch oft naheliegende Gegebenheiten.

Dieses Verhalten wurde ineffizient, weil mit dem Paradigmenwechsel der Psychoboom abgeflaut ist – der „befreite Mensch" gilt nicht mehr als gesellschaftliches Ideal, im Gegenteil: Selbstbeherrschung und Fassade sind wieder gefragt. Zumindest dort, wo die wesentlichen Dinge entschieden werden – an den Schalthebeln der Macht –, stehen die alten Bürgertugenden wieder hoch im Kurs. Psychologisches Wissen eignet sich inzwischen auch nicht mehr als Herrschaftsinstrument von intellektuellen Eliten, denn die Alltagspsychologie hat schon lange die Beilagen der Boulevardzeitungen erobert. Man weiß um die Bedeutung seiner gestörten Beziehung zum Vater Bescheid oder kennt den Einfluss, den das „Zu-früh-auf-das-Töpfchen-gesetzt-Werden" auf den Erfolgszwang hat. Mit psychologischen Deutungen holt man heute niemanden mehr hinter dem Ofen hervor – geschweige denn, dass man hoffen kann, als Bürgerschreck durchzugehen.

Die Blütezeit des Emotionalisierens und Psychologisierens ist längst vorbei. Setzen Gutmenschen diese Strategien gegenwärtig noch ein, so richten sich diese meist gegen die Anwender selbst. Aufgrund ihrer Sensibilität gehen ihnen Anfragen, Kritik oder Geplänkel der Gegenseite näher, als sie müssten. Es ist leicht, ihnen vorzuwerfen, dass sie alles zu persönlich nehmen, und sie als zickig und als hysterisch abzuqualifizieren. Sie werden schnell als unberechenbar und labil eingestuft.

Dabei könnten Gutmenschen ihre Fähigkeit zur Innenschau und die Kenntnis der Gesetzmäßigkeiten der Seele bestens als Machtinstrument nutzen. Dafür müssten sie diese allerdings auf die neuen Spielregeln abstimmen und strategisch einsetzen – nicht zur Selbstoffenbarung oder Gefühlsklärung, sondern beispielsweise zur „Feindbeobachtung" oder zum „Spurenlesen". Sie wären damit in der Lage, sehr rasch die Absichten und Taktiken ihrer Gegner zu durchschauen. Doch solange Gutmenschen ihre Illusionen aufrechterhalten, wird es wohl beim sinnlosen Gefühlsausbruch oder beim unwirksamen Psychologisieren bleiben.

Solidarisieren und Verzichten

EinzelkämpferInnen werden von Gutmenschen nicht geschätzt, selbst wenn sie erfolgreich sind. So viele Lorbeeren sie auch erwerben, es wird ihnen von den eigenen Leuten keine besondere Ehre zuteil werden – zumindest nicht, solange sie leben. Die Leistung des Einzelnen wird nicht extra gewürdigt, ja es besteht sogar in vielen Gruppierungen eine (Un-)Kultur der gezielten Abwertung. Wer in Seminaren der *schönen neuen Welt* gelernt hat, sich selbst zu vermarkten, auf seine Erfolge aufmerksam zu machen, der kann bei Gutmenschen ganz schön ins Fettnäpfchen treten. Ihm wird unmittelbar zu verstehen gegeben, dass er/sie sich danebenbenommen hat, dass der Versuch, aus der Masse hervorzutreten, nicht akzeptiert wird. Es heißt dann: „Zurück in die Reihe!" Wann und in welcher Form die Belohnung kommt, entscheidet sich in den „Eingeweiden des Kollektivs" und ist nicht vorauszusehen. Die Kriterien dafür sind nicht transparent, doch bleiben die Chancen darauf bestehen – wenn man es sich mit der Gemeinschaft nicht verscherzt und weiterhin dem Ganzen dient.

Mit dieser Strategie kann man die Hoffnung der Mitglieder möglichst lange aufrechterhalten und sie an die Gruppierung binden. Die Macht der Gemeinschaft ist wirksam, solange eine Organisation attraktive Positionen und Funktionen zu verteilen hat. Für den langen Weg des Wartens bietet das Kollektiv einfachere Annehmlichkeiten, wie gemeinsame Aktivitäten (Resolutionen verfassen, Protestkundgebungen oder Wohltätigkeitsbasare organisieren …), gemeinsame Freizeiterlebnisse (Reisen, Wanderungen, Singgruppen …), materielle Vorteile (Einkaufsrabatte, Wohnungen, Urlaubsreisen …) und Weiterbildung (Sommerakademien, Vorträge, Seminare …). Damit wird ein starker Zusammenhalt in der Gemeinschaft aufgebaut.

Solidarisches Handeln bedeutet, dass Menschen in Gemeinschaften ihre individuellen Interessen einem gemeinsamen Ziel unterordnen, und auch, dass sie einander unterstützen, für den anderen eintreten. Die Kraft, die dadurch entsteht, kann einem politischen oder ideologischen Gegner gegenüber wirksam eingesetzt werden. Durch Solidarisieren konnten im Laufe der Geschichte immer wieder vordergründig stärkere Machtinstrumente wie Waffen oder Geld gebrochen werden.

Mit dem Solidarisieren unauflöslich verbunden ist der Verzicht. Wenn man einem größeren Ziel dienen will, dann erfordert diese Haltung das Opfer der Selbstaufgabe. Man muss seine eigenen Bedürfnisse hintanstellen und kann nicht einfach „sein eigenes Ding durchziehen" oder die Ellenbogen einsetzen. Gutmenschen sind sowohl durch ihre politisch linken wie auch durch ihre katholisch-humanistischen Wurzeln an den Verzicht auf individuelle Erfolge gewöhnt. Diese Haltung ist ihnen sozusagen in Fleisch und Blut übergegangen. Reflexartig wird jedes andere Verhalten, beispielsweise Eigenwerbung oder Eigennutzen, als unmoralisch geahndet. Diese Strategie funktioniert jedoch immer weniger. Selbst in den eigenen Reihen machen sich Zweifel und Unverständnis breit. Einerseits sind die Menschen durch Gemeinschaftserlebnisse und Begünstigungen nicht mehr so sehr zu begeistern und andererseits lockt die *schöne neue Welt* mit individuellen Erfolgsversprechen. Im neuen Wertekanon wurden Tugenden wie Solidarität und Verzicht durch Eigenverantwortung und individuellen Erfolg abgelöst.

Gutmenschen, die sich stark mit ihren alten Werten verbunden fühlen, sind regelmäßig verblüfft und fassungslos, wenn sie an GegnerInnen geraten, die mit Solidarität nicht zu beeindrucken sind. Es fällt ihnen schwer zu realisieren, dass diese eben nach den Wertvorstellungen der *schönen neuen Welt* unter dem Motto „Jede/r ist sich selbst der Nächste" leben. In diesem Kontext verhallt der Appell an die Selbstopferung für einen höheren Zweck ohne Wirkung. Auch funktioniert die Macht der Gemeinschaft nur solange, als das Kollektiv für den Einzelnen tatsächlich von Vorteil ist. Wenn dem Verzicht, dem Zurückstellen der Bedürfnisse nach Anerkennung und individuellem Erfolg kein entsprechender Lustgewinn mehr gegenübersteht, dann sind die Verlockungen der *schönen neuen Welt* wesentlich attraktiver. Diese wirbt mit ihren schillernden Vergnügungen, für die keine Opfer, keine offensichtlichen Gegenleistungen zu erbringen sind (außer Geld natürlich …). So kann der Einzelne aus der Gruppe herausgelöst werden. Wird der Zusammenhalt nach innen schwächer, sinkt die Schlagkraft nach außen – das Schwert der Solidarität wird stumpf.

Die bevorzugten Machtstrategien der Gutmenschen – Moralisieren, Emotionalisieren und Solidarisieren – wirken nur noch in ihren eigenen Kreisen. Gegenüber der *schönen neuen Welt* haben sie keinen Effekt mehr. Machtprofis unter den Geld-Menschen verschwenden ihre Zeit auch nicht mit Gegenstrategien, weil sie wissen, dass man Gutmenschen mit diesem Verhalten einfach nur ins Leere laufen lassen muss.

7. Kapitel

Erfolgreiche Machtstrategien der Geld-Menschen

Die Bedingungen für den Erfolg in der *schönen neuen Welt* sind heute genauso streng und unerbittlich, wie es einst die Regeln des Großbürgertums waren. Im Unterschied dazu müssen Geld-Menschen jetzt nicht mehr notwendigerweise aus einer alten Familie stammen. Dennoch ist es erforderlich, dass sie die richtigen Signale der Zugehörigkeiten setzen können. Durch das Normengebilde der *schönen neuen Welt* ist eine Schicht entstanden, die man als „neues Bürgertum" bezeichnen könnte. Dieses hat die niemals ganz verschwundenen Restbestände des alten Bürgertums, des Adels, der Industriellenfamilien, der Clans konservativer Politiker integriert beziehungsweise wird von ihnen getragen. Altes wie neues Bürgertum verlangen von ihren Mitgliedern äußerste Selbstbeherrschung und Disziplin sowie die Bereitschaft, diese Haltung immer und überall zu repräsentieren.

In dieses Bild passt ferner, dass gutes Benehmen und gesellschaftliche Etikette, nachdem diese jahrzehntelang von den Gutmenschen als spießig verachtet wurden, in der *schönen neuen Welt* wieder an Bedeutung gewinnen. Wer nicht aus einer bürgerlichen Kinderstube kommt, muss sich das notwendige Wissen und Verhalten in den nicht zufällig boomenden Benimm-Kursen aneignen. Höflichkeit, Tischmanieren, Dresscodes, längst aus der Erziehung verbannte Tugenden feiern ihre Auferstehung. Will man in der *schönen neuen* Welt Erfolg haben, muss man sich zur neuen Bürgerlichkeit in ihrer weltoffenen, merkantilen Variante bekennen.

Erfolgreiche Geld-Menschen verfolgen ihre Strategien im Geheimen wie Schachweltmeister. Dazu gehört auch, dass die Menschen in ihrer Umgebung funktionalisiert werden (müssen), damit man sie wie Figuren auf dem Brett einsetzen kann. Doch das bedeutet nicht, dass nur Beliebigkeit walten würde. Solche Zweckverbindungen halten oft länger als jene, die von Gefühlen oder Ideologien bestimmt sind, wenn alle Beteiligten ihre Vorteile kennen und auch realisieren. Man sollte außerdem nicht Treue im alten Sinne hineininterpretieren, weil man damit der Geld-Menschen-Haltung nicht gerecht werden würde. Auch freundschaftliche Verbindungen oder Liebesbeziehungen dienen oft einem beruflichen Zweck, wenn auch als Preis für diese Erfolgsstrategie fast immer mit dem Verlust der Nähe zu bezahlen ist.

Doch neben den Strategien, die sich aus der Vergangenheit herleiten lassen, hat die *schöne neue* Welt der Geld-Menschen noch einige besondere Techniken hervorgebracht. Diese kommen aus dem Marketing und der Öffentlichkeitsarbeit, wie sie vorwiegend in den USA gepflogen werden. Mit der Ausbreitung der neoliberalen Weltsicht greifen diese Methoden zunehmend auch in Europa.

Speed and Splash

Geld-Menschen planen bei der Verfolgung ihrer Ziele von Anfang an die möglichen Widerstände und die Maßnahmen zu ihrer Überwindung mit ein. Sie gehen nicht davon aus, dass man in jedem Fall einen Konsens finden sollte und bevorzugen schon aus Gründen der Kräfteökonomie den Weg des geringsten Widerstands. Doch wenn dieser keinen Erfolg bringt, scheuen sie nicht davor zurück, einen Kampf zu führen. Das bedeutet allerdings nicht, dass Geld-Menschen sich durch große Konfliktbereitschaft auszeichnen würden. Man darf sie sich nicht als offene, faire Kämpfer vorstellen. Im Gegenteil: In der *schönen neuen Welt* sind jene Strategien gefragt, die offene Konflikte gar nicht erst aufkommen lassen.

Das mag nach Konsenspolitik der alten Sozialpartnerschaft klingen, greift für die Macht-Strategien der Geld-Menschen jedoch zu kurz. Sie einigen sich nicht mit ihren potenziellen Gegnern hinter verschlossenen Türen, wie das in der Zeit der *guten alten Welt* üblich war. Sie arbeiten nach dem Prinzip „Speed and Splash". Dazu muss man seine Pläne sehr zügig (Speed) im Geheimen ausarbeiten und seine wenigen Verbündeten sorgfältig auswählen. Als Nächstes stellt man in einem Überraschungsangriff (Splash) die Gegner vor vollendete Tatsachen, bevor diese überhaupt merken, worum es geht. Während sich alle noch mit der darauf folgenden Verwirrung beschäftigen, hat man bereits möglichst viel von seinem Vorhaben umgesetzt. Wenn der Verhandlungspartner realisiert, dass er über den Tisch gezogen wurde, ist er bereits in einer schlechteren Position: Entweder hat er in Unkenntnis der Lage selbst zugestimmt oder die Entscheidungen sind schon zu weit fortgeschritten. Ihm bleibt dann nur noch die Möglichkeit, mühsam das (Verfassungs-)Gericht anzurufen und jahrelang auf Antwort zu warten, während die anderen ihre Vorhaben weitertreiben.

Die „Speed-and-Splash"-Strategie kann man in der heutigen Politik häufig beobachten. Regierungen der *schönen neuen Welt* verwenden diese zunehmend zur Durchsetzung ihrer neoliberalen Reformen. Da werden in rasantem Tempo Gesetze beschlossen, und selbst wenn die Gegenseite nach einem solchen Überraschungscoup Teilerfolge erzielen kann, so ist die Dynamik in die gewünschte Richtung bereits in Gang gesetzt und so gut wie nicht mehr umkehrbar.

„Speed and Splash" funktioniert freilich nicht nur in der großen Politik. Dieses Prinzip wird auch laufend in Unternehmen angewendet, in der öffentlichen Verwaltung sowie auf dem ursprünglichen Territorium der Gutmenschen-Organisationen. In Firmen laufen die Aktionen unter dem Titel der Wettbewerbsfähigkeit, der Konsolidierung oder der notwendigen Reorganisation. Man setzt Belegschaften oder Lieferanten einfach vor vollendete Tatsachen. Während sich diese erst mühsam orientieren oder aus der Umklammerung entwinden müssen, hat man bereits einen großen Vorsprung gewonnen.

Storytelling and Selling

Geld-Menschen setzen ihre Interessen oft mit den Mitteln der Kaufleute durch. Will man eine Sache möglichst gut verkaufen, geht es wie auf einem Basar darum, eine gute Geschichte zu erzählen. Wenn sie ein Ziel erreichen wollen, versuchen sie es nicht mit moralischen Appellen oder Vorwürfen, wie es die Gutmenschen tun. Geld-Menschen-Strategie ist vielmehr, Begehrlichkeiten zu wecken und dadurch einen Sog zu erzeugen. Etwas zu verkaufen bedeutet, das Angebot aufzuputzen und den Käufer neugierig zu machen. Dazu gehört es auch, den Nutzen und die Vorteile für den Kunden herauszustreichen und so den besten Preis zu erzielen.

Um Botschaften oder Produkte an die gewünschte Zielgruppe zu bringen, beschäftigen Geld-Menschen ganze Abteilungen von Spezialisten aus dem Bereich Marketing, Public Relations, Reputations- oder Imageberatung. Das erscheint auf den ersten Blick sehr aufwendig, doch diese Methode erspart ihnen viele Konflikte. Der Kunde kauft freiwillig und gerne. Wie im Supermarkt legt er oft Produkte in den Einkaufswagen, die er eigentlich gar nicht haben wollte. Weil es sich aber um ein „Schnäppchen" gehandelt hat, kann er sie nicht mehr umtauschen. Selbst noch so mündige und kritische Konsumenten, WählerInnen und MitarbeiterInnen lassen sich von einer guten Geschichte zum Kauf bewegen.

Während Geld-Menschen sonst nicht sehr freizügig mit ihren Emotionen umgehen, lassen sie bei ihren Verkaufstechniken durchaus die Fantasie spielen. Der Nutzen für Konsumenten, Verhandlungspartner oder politische Gegner wird nicht nur rational dargestellt, er muss auch die Gefühlsebene ansprechen. Verkaufspsychologie ist das Zauberwort dafür. Gefühle – vor allem jene des Wohlbefindens, des Genusses, der Lust – werden besonders zum Zwecke der Förderung von Kaufentscheidungen erforscht und aktiviert. Die Geschichten, die erzählt werden, sind wahre Meisterwerke – geschaffen von Dramaturgen, Text- und Bildspezialisten, Rhetorik- und Körpersprachetrainern. Inszenierungen – gestaltet von Kostüm- und BühnenbildnerInnen, die Machtinsignien und Statussymbole gekonnt platzieren.

So wird verständlich, wie es geschehen kann, dass GewerkschafterInnen unakzeptablen Kündigungsplänen zustimmen oder Lieferanten existenzbedrohende Preisnachlässe an Supermarktketten gewähren. Bei gekonntem Einsatz von Storytelling and Selling sind sie davon überzeugt, eine gute Entscheidung getroffen zu haben, weil diese allemal noch das kleinere Übel war. Bei überzogenen Varianten dieser Methode fühlt sich der Verhandlungspartner so, als hätte er keine Wahl gehabt und wäre erpresst worden. Richtig angewendet, kauft er die Geschichte und ist noch froh darüber.

Einer der Nachteile der Strategie „Storytelling and Selling" besteht darin, dass Geld-Menschen irgendwann den Kontakt zur Sache oder zu sich selbst verlieren. Sie glauben ihre eigenen Stories und sind sich oft selbst nicht mehr im Klaren darüber, was sie persönlich für gut und richtig halten. Wer ständig auf der Suche nach dem Nutzen für den Käufer ist, muss sich die meiste Zeit in den Köpfen seiner Zielgruppen aufhalten und wird selbst wie diese zu denken beginnen.

Facts and Figures

Geld-Menschen setzen bei ihren Erfolgsstrategien gerne alles auf „Zahl". Wann immer etwas zu argumentieren ist, wird es mit Zahlen, Statistiken und Studien belegt. Keine Fernsehdiskussion ohne „Taferln" mit Kurven und Tortengrafiken. Kein Wahlkampf ohne Zahlenschlacht. Selbst im Bierzelt wird jeder populistische Slogan mit Zahlen untermauert. Hieß es in der *guten alten Welt* noch: „Jeder Jugendliche wird unverzüglich einen Arbeitsplatz bekommen!", so klingt die Wahlansage in der *schönen neuen Welt* etwa so: „50 Prozent weniger arbeitslose Jugendliche in drei Jahren" oder „Reduzierung der Unfälle mit Todesfolgen um 10 Prozent bis 2012".

Aber nicht nur in der Politik, auch in den Unternehmen werden Ziele nur noch in Zahlen ausgedrückt und meist reduzieren sich die Vorgaben auf „Umsatz um 10 Prozent steigern, Kosten um 15 Prozent senken". Quoten, Marktanteile, Rankings – jede unternehmerische, politische oder menschliche Aktivität wird in Zahlen umgerechnet und dem Wettbewerb unterworfen. Der Mitarbeiter wird nicht mehr einfach gelobt, wenn er/sie die Umsatzziele erreicht hat. Er muss der Beste auf der Skala sein und „Employee of the Month" werden. Die Medien beschäftigen sich mit einem Kunstwerk nicht einfach deswegen, weil es schön oder geschmacklos ist, sondern weil sein Verkauf Rekordergebnisse gebracht hat.

Sogar der Sozialbereich wird der Welt der Zahlen unterworfen. Will man heute Anerkennung für ehrenamtliche Tätigkeiten, muss diese in Stunden und diese wieder in Geldwert umgerechnet werden. Ebenso bekommt die unbezahlte Familienarbeit von Frauen erst Aufmerksamkeit, wenn sie in Zahlen aufbereitet ist.

Diese Kampftechnik zur Durchsetzung von Interessen in der *schönen neuen Welt* macht auch vor dem Privatleben nicht halt. Man kann sich nicht einfach besser fühlen, weil man weniger gegessen hat, man muss es sich mit der Waage beweisen. Man darf nicht einfach mit seinem Sexualleben zufrieden sein, man muss wissen, ob man zumindest mit der Frequenz über oder unter dem Durchschnitt liegt. Ja selbst Psychologen empfehlen, persönliche Ziele oder Vorsätze mit Zahlen zu präzisieren, um sie überprüfbar zu machen.

Die Monetarisierung des Lebens hat von allen Werteverschiebungen den stärksten Einfluss auf unser Denken und Fühlen genommen. Auch Lebenssinn wird nicht mehr durch eine Empfindung, ein subjektives Gefühl, wahrgenommen, sondern durch eine Positionierung auf einer Skala. Daher ist die „Facts-and-Figures"-Machtstrategie der Geld-Menschen eine der effizientesten. Es gibt kaum eine Gegenstrategie, kein Entrinnen. Jeder, der sich wehren will, greift auf diese Methode zurück: Alles wird objektiv und versachlicht und bleibt damit im vorgegebenen (schein-)rationalen System. Wenn jemand in der *schönen neuen Welt* etwas zu sagen hat, dann muss er es mit Fakten untermauern. Tut er das nicht, gerät er in den Verdacht der Subjektivität und der mangelnden Vorbereitung. Behauptungen, die nicht mit Statistiken belegt werden, wirken in einem solchen Umfeld banal oder unseriös.

Geschwindigkeitsrausch, Geschichtenerzählen und Zahlenmagie sind „Wunderwaffen" der Geld-Menschen, gegen die noch keine Abwehr aufgebaut wurde. Sie funktionieren nahezu immer. So muss es nicht verwundern, dass das Wetteifern auch vor den Gutmenschen nicht haltgemacht hat. Sie wurden in den Bann der Geld-Menschen gezogen, vermutlich ohne dass sie dafür eine bewusste Entscheidung getroffen hätten. Nun spielen sie das Spiel nach deren Regeln, die sie eigentlich nicht gut beherrschen.

Während die einen noch um Verständnis ringen, haben die anderen schon ihren Vorteil genutzt. Wie im Märchen der Hase und der Igel, können sie nicht gewinnen, weil der andere durch einen Trick immer schon früher ans Ziel gelangt. Es ist für Geld-Menschen immer noch ziemlich einfach, Gutmenschen-Individuen und Gutmenschen-Organisationen bei Verhandlungen über den Tisch zu ziehen.

Drei Lektionen für Gutmenschen

*„Tatsachen schafft man nicht dadurch aus der Welt,
indem man sie ignoriert."*

Aldous Huxley

1. An ihren Früchten
werdet ihr sie erkennen

Es gibt kaum eine andere Eigenschaft, die in den letzten Jahren einen ähnlichen Höhenflug erlebt hat wie die Authentizität. Wir lesen und hören ständig Sätze wie „Ich will dabei aber authentisch bleiben" oder „Diese Politikerin ist sehr authentisch". Es scheint, als hätte ein Mensch, der als authentisch bezeichnet wird, den Olymp der Persönlichkeitsentwicklung erklommen, als würde er die Summe aller Tugenden verkörpern. Wenn jemand sich dem Urteil anderer stellen muss – sei es in seiner Organisation oder in der Öffentlichkeit –, dann kann er selbst vielleicht damit zufrieden sein, dass er als kompetent, durchsetzungsstark oder innovativ bezeichnet wird. Wirklich geschafft hat er es jedoch erst, wenn ihm attestiert wird, authentisch zu sein.

Die Illusion: Wer authentisch ist, gewinnt

Gutmenschen sind von diesem Umstand sehr begeistert: Endlich eine Eigenschaft aus ihrer Wertewelt, die es in Wirtschaft und Politik der *schönen neuen Welt* zu Ruhm und Ansehen gebracht hat. Galt in den 1970er Jahren noch die Maxime: „Endlich Schluss mit dem Versteckspiel, gesellschaftliche Normen und Zwänge haben ausgedient", war man sich dann eine Zeit lang nicht mehr ganz so sicher, ob man nicht doch dem Anpassungsdruck nachgeben müsste. Aber dann gewann in den 1980er Jahren ein neues Ideal an Bedeutung: die Authentizität.

Viele Gutmenschen erliegen der Illusion, dass auch in der *schönen neuen Welt* jene Menschen erfolgreich wären, die offen und ehrlich zu sich beziehungsweise ihren Überzeugungen stehen. Sie glauben, dass authentische Menschen mutig und selbstbewusst jederzeit ihr wahres Ich zeigen, ihrer persönlichen Meinung und ihren Gefühlen Ausdruck verleihen können. Authentisch ist ihrer Ansicht nach, wer seine Individualität in Kleidung und Benehmen darstellt, sich nicht an fremde Regeln halten und sich nicht an das Umfeld anpassen muss. Eine eigene Persönlichkeit entwickelt zu haben, die durch äußere Einflüsse nicht zu korrumpieren ist, zeuge von Charakterstärke. Man könne von Glück reden, dass die Gesellschaft endlich auch den Wert dieser Eigenschaft erkannt hat und dem Erfolg durch ehrliches und offenes Verhalten nichts mehr im Wege steht.

Gutmenschen perfektionieren ihren authentischen Ausdruck laufend durch das Studium einschlägiger Psycho-Ratgeber – und scheitern bei der Umsetzung ihrer Ziele oft kläglich. Was machen sie falsch? Brauchen sie vielleicht noch mehr Seminare?

Wie die Illusion genährt wird

Musste man früher seine Selbstfindung im Verborgenen in wenig imageträchtigen Selbsterfahrungsseminaren betreiben, so hat sich heute eine durchaus differenzierte und lautstarke Dienstleistungsbranche rund um dieses Thema etabliert. Psychologisierende Lebenshilfebücher und unzählige DienstleisterInnen wie Energie- und Psychotherapeuten, Farb- und Stilberaterinnen, Persönlichkeitscoaches und Kommunikationstrainer werden nicht müde, ihre Gutmenschen-Klienten im Glauben an den Erfolg durch authentisches Verhalten zu bestärken. Sie unterstützen diese dabei, „sich selbst zu finden" und ihre Einzigartigkeit zum Ausdruck zu bringen. Dazu gehört auch, jederzeit zu sagen, was man sich denkt. Der Coach: „Sie haben ein Problem mit Ihrem Abteilungsleiter? Gehen Sie doch zu ihm und sprechen Sie es offen an! Man muss seine Gefühle ausdrücken, die Beziehungsebene klären, sonst leidet die Gesundheit und die Arbeitsatmosphäre wird vergiftet." Die Stilberaterin: „Sie wollen kein graues Business-Kostüm tragen? Stehen Sie doch zu Ihrer weiblichen Seite, gestalten Sie den Büroalltag fröhlicher und überraschen Sie Ihre Kollegen mit einer roten Rüschenbluse!" Die Managementtrainerin: „Sagen Sie Ihren Mitarbeiterinnen und Mitarbeitern doch einfach ohne Drumherumreden, wie Sie die Sache sehen. Mit einer Ich-Botschaft wirken Sie menschlich und sympathisch." Das oberste Gebot und wichtigste Ziel einer ganzen Beratergeneration ist es, die Selbstverwirklichung ihrer Klientel zu fördern. Dies geschieht unter der Annahme, es handle sich bei der Authentizität um einen Königsweg zum Erfolg.

Selbst die Medien sind auf diesen Zug aufgesprungen und betätigen sich als effiziente Transporteure und Multiplikatoren jener Glaubenslehre. So werden PolitikerInnen bei Wahlkampfduellen im Fernsehen von Experten nach dem Grad ihrer Authentizität beurteilt. Minuspunkte gibt es für diejenigen, deren Verhalten berechnend, antrainiert oder angespannt wirkt. In Karriere- oder Modemagazinen darf niemals der Begriff „authentisch" fehlen. Wenn von Etikette die Rede ist, dann lautet das größte Zugeständnis: „Halten Sie sich an die Benimm-Regeln, aber bleiben Sie dabei authentisch."

Auch in der Marketingbranche wird authentisches Verhalten als Erfolgsstrategie gepredigt. Die Lehre von der Marke „ICH", die Übertragung von Marketingprinzipien auf die Person lautet: Wenn du authentisch bist, bist du unverwechselbar und einzigartig. Dies sind die Erfolgsgaranten einer professionellen Markenführung. Finde deine „Kernwerte", also Eigenschaften und/oder äußere Besonderheiten und definiere daraus deine Positionierung am Markt. Manager, PolitikerInnen wie auch der Tischler an der Ecke oder die Kosmetikerin von nebenan – sie alle wollen authentisch sein. Wenn alle Welt Cindy Crawford an ihrem Muttermal und Niki Lauda an seiner roten Kappe erkennt, wenn die Stimme von Hans Moser noch Jahrzehnte nach seinem Tod ihm zugeordnet werden kann, dann muss der Erfolg dieser Menschen mit ihren unverwechselbaren Besonderheiten zusammenhängen.

So kommt es, dass unzählige unbekannte und mäßig erfolgreiche Menschen mit seltsamen Frisuren, Schuhen oder Schmuckstücken herumlaufen, ihre Attitüden in Benehmen und Sprache eifrig kultivieren und auf den schnellen Erfolg warten.

Geradezu ein Tempel der Anbetung authentischen Verhaltens ist die Erwachsenenbildung. Seit Strömungen der humanistischen Psychologie über Training und Coaching ihren Weg in die Unternehmen gefunden haben, wird ein Paradoxon zur nicht hinterfragten Selbstverständlichkeit: MitarbeiterInnen lernen in Kommunikationsseminaren auf Kosten der Firma (und Arbeitslose auf Kosten der Steuerzahler) neue Verhaltensweisen – doch nicht etwa, wie man glauben könnte, um damit die Arbeitsabläufe zu verbessern. Nein, sie verlassen die Fortbildungsveranstaltungen mit Hoffnungen auf eine heile Welt, die fern jeder betrieblichen Realität liegen. Sie werden zu authentischem Verhalten ermutigt, sie sollen ganz sie selbst sein und sich wohlfühlen, unabhängig davon, ob dieses Vorgehen die erfolgreiche Zusammenarbeit im Alltag mit ihren Vorgesetzten, Kollegen oder ihren Kunden erschwert.

TrainerInnen, die niemals in der Wirtschaft gearbeitet haben, bestärken die Teilnehmer in ihren Illusionen über die Arbeitswelt. Anstatt sie mit den heute geltenden Spielregeln zu konfrontieren, sie zu bestärken oder Alternativen finden zu lassen, werden Fantasiereisen veranstaltet und Visionen auf Packpapier gemalt. Diese bleiben als abstruse Zielvorstellungen im Raum stehen und es wird nicht ernsthaft überprüft, ob sie auch zu erreichen sind.

Die Wünsche der Menschen sind dann oft in mehrerlei Hinsicht unrealistisch. Einerseits erwarten sie sich finanzielle Besserstellung und andererseits wollen sie sich am Arbeitsplatz selbst verwirklichen. In manchen Organisationen nehmen die Diskussionen über seelische Befindlichkeiten schon mehr Zeit in Anspruch als die Besprechung der Maßnahmen für die Umsetzung der Arbeitsaufgaben. Gutmenschen, die sich der Hoffnung hingeben, mit dem, was sie unter Authentizität verstehen, ihre Ziele in der *schönen neuen Welt* zu erreichen, werden regelmäßig enttäuscht. Die meisten verstärken daraufhin ihre Anstrengung in dieselbe Richtung, nur um wieder zu scheitern.

Die Realität in der *schönen neuen Welt:* Doppelbotschaften

Die Spannung zwischen den tatsächlich gebrauchten Kommunikationsformen im Berufsalltag und dem Anspruch auf authentisches Verhalten in den Bildungsangeboten und den Medien wächst kontinuierlich. Eigentlich müsste der Ruf nach Authentizität bereits in den 1990er Jahren verklungen sein. Doch das Gegenteil ist der Fall. Da man davon ausgehen kann, dass die Wirtschaft für ihre Investitionen einen Nutzen erwartet, muss man sich fragen, warum Schulungen dieser Art noch nicht von den Programmen der firmeninternen Fortbildung verschwunden sind. Offensichtlich bringt die Förderung des Glaubens, dass authentisches Verhalten zum Erfolg führe, für Wirtschaft und Politik erhebliche Vorteile.

Man bekommt den Eindruck, dass praktisch die gesamte wirtschaftliche, politische, kulturelle und klerikale Elite unseres Landes sich authentisch verhält. Blickt man hinter die Kulissen, lässt sich allerdings erkennen, dass es sich dabei um ein Täuschungsmanöver handelt. Das Geheimnis liegt in der Umwertung eines Begriffes, in der Etablierung einer Doppelbedeutung.

Auf der einen Seite: Echtheit und Ehrlichkeit

Gutmenschen verstehen unter authentischem Verhalten, offen und ehrlich zu handeln, sich so zu zeigen, wie man wirklich ist. Echtheit und Unverfälschtheit der Persönlichkeit stehen bei ihnen hoch im Kurs. Sie leiten diese Zuschreibung einerseits aus ihrem Wertesystem der *guten alten Welt* ab, in der die psychologische Betrachtung des Alltags noch Bedeutung hatte. Andererseits liegt den Gutmenschen viel daran, die Qualität von familiären und freundschaftlichen Beziehungen in die Arbeitswelt zu übertragen. Sie möchten sich auch in ihrem Beruf nicht verstellen müssen. In dieser Haltung werden sie durchwegs von Thesen der Personalentwicklung und der Sozialwissenschaft bestärkt, die davon ausgehen, dass der Mensch das wichtigste Gut eines Unternehmens sei und ein Recht auf Selbstverwirklichung habe.

Gutmenschen sind von der Vorstellung beseelt, dass sich die Welt insgesamt in einem besseren Zustand befinden würde, wenn alle Menschen authentisch im Sinne von „echt" oder „ehrlich" wären.

Auf der anderen Seite: Inszenierung von Glaubwürdigkeit

Konfrontiert man Machtprofis mit der Beschreibung von *authentisch-echtem* Verhalten, so bezeichnen sie dieses als skurril. Vielen fehlt dafür jegliches Verständnis. Niemals würden sie sich eine solche Blöße geben und einer solchen Gefahr aussetzen. Sich zu zeigen, wie man wirklich ist, halten sie für einen Kardinalfehler, der nicht wieder gut zu machen wäre und der das Ende aller Macht- und Karriereansprüche bedeuten würde. Das ist doch einigermaßen verwunderlich. Man sollte meinen, dass gerade jene Menschen, die es nach oben geschafft haben, besonders auf authentisches Verhalten setzen. Das ist es doch, was Top-Manager und SpitzenpolitikerInnen von ihren Beratern lernen.

Machtprofis verwenden den Begriff der Authentizität in einer anderen Bedeutung als Machtamateure unter den Gutmenschen. Sie meinen damit nicht *authentisch-echt* sein, sondern „glaubhaft wirken" und andere überzeugen können. Das Ziel eines Fernsehauftritts, eines Interviews, einer Weihnachtsansprache besteht nicht darin, dass man die Wahrheit sagt, sondern dass die Zuhörer einem glauben und dass man dabei auch noch sympathisch ankommt. Wenn das Publikum den Eindruck gewinnt, dass der Redner von seiner Botschaft überzeugt ist und wenn es ihn auch noch als menschlich angenehm empfindet, wächst das Vertrauen. Dann braucht es nichts mehr zu hinterfragen, nicht selbst nachzudenken.

Machtprofis müssen also keineswegs selbst glauben, was sie sagen. Sie müssen nur absolut sicher sein, dass genau diese Botschaft jetzt gebracht werden muss, um ein übergeordnetes Ziel zu erreichen. Daraus beziehen sie die Kraft und das Charisma, um Verhandlungspartner, Belegschaftsvertreter oder das Wahlvolk für ihre Sache zu gewinnen. Ein Politiker kann in diesem Sinne völlig authentisch, im Brustton der Überzeugung sagen, dass er nicht kandidieren werde, weil eine frühzeitige Bekanntgabe seine Chancen schmälern würde. Ein Vorstandsdirektor kann vor einer Firmenfusion glaubhaft vermitteln, dass es für alle Mitarbeiter eine Anstellungsgarantie gebe, weil dieses Versprechen die Übernahme erst ermöglicht. Es kann eine Abteilungsleiterin plausibel erklären, dass die Gehaltserhöhung nach Beendigung des Projektes erfolgen wird, weil das die Motivation für den Endspurt erhöht.

Machtamateure würden diese Vorgangsweise als Lüge oder Betrug einstufen, wenn schon bekannt ist, dass das Versprechen nicht gehalten werden kann. Machtprofis hingegen nützen diese Strategie für einen Zeitgewinn oder als absolut notwendigen Zwischenschritt auf dem Weg zu einem größeren Ziel. Sie verwenden jede Menge Energie und Kreativität für die Gestaltung *authentisch-glaubwürdiger* Auftritte und lernen dabei, gute Schauspieler zu sein.

Wie wird man *glaubwürdig*?

Um die Performance der Machtprofis in *authentisch-glaubwürdigem* Verhalten zu perfektionieren, hat unsere Mediengesellschaft neue Dienstleistungen auf den Markt gebracht, die über das inzwischen weit verbreitete Coaching noch hinausgehen: Image-Consultants, Personal-Counsellors, Reputation-Manager, Spin Doctors mit ihren Unterabteilungen der Stylisten, der Medientrainer, der (Kampf-)Rhetoriker und Körpersprachelehrer. Sie alle unterstützen ihre Klienten dabei, glaubhafte Inszenierungen zu erschaffen und ihre Performances so zu gestalten, dass die Botschaften trotz Informationsüberflutung ihre Zielgruppe erreichen. Machtprofis beziehen die Legitimation für dieses *authentisch-glaubwürdige* Verhalten nicht aus einem moralischen Verständnis vom Wahren, Guten und Schönen, sondern orientieren sich an einer rationalen Nutzenanalyse. Warum sollten sie etwas tun, das sie dem Ziel nicht näher bringt? Man ist ja zum Beispiel vor Gericht nicht gezwungen, Dinge zu sagen, die einem selbst schaden könnten, sogenannte Schutzbehauptungen sind zulässig. Also zählt im Verständnis der Machtprofis bei der Verfolgung ihrer Ziele nicht die objektive Wahrheit. Es ist einzig und allein wichtig, dass es gelingt, die Zuhörer von der Botschaft zu überzeugen.

Machtamateure empfinden diese Einstellung, das *authentisch-glaubwürdige* Verhalten als unmoralisch. Doch ehrlich gesagt: Welche Alternative könnte man dem Machtprofi denn anbieten? Soll der Vorstandsdirektor wirklich bei der Betriebsversammlung offen (*authentisch-ehrlich*) über die Möglichkeit sprechen, dass 30 Prozent der Belegschaft abgebaut werden müssen und damit riskieren, dass Unruhen die Produktion gefährden, die Medien Staub aufwirbeln, der Börsenkurs in den Keller rasselt und die eigene Karriere damit beendet wäre? Er könnte sich dann nur mit dem Zuspruch trösten: „Aber wenigstens war ich ehrlich".

Auf den Leim gegangen

Machtamateure der Gutmenschen haben große Schwierigkeiten, das Täuschungsmanöver zu durchschauen, weil *authentisch-echt* ihrem Werteverständnis entspricht, während *authentisch-glaubwürdig* ihm diametral entgegensteht. Dass Machtamateure mit dieser Illusion im Streben nach Karriere oder bei der Durchsetzung ihrer politischen Ziele so oft scheitern, liegt nicht nur an ihrer eigenen Hartnäckigkeit, mit der sie an ihrem Glauben festhalten. Sie werden in der *schönen neuen Welt* sehr subtil laufend darin bestärkt. Es bringt für Machtprofis unglaubliche Vorteile, wenn Machtamateure sich schon mit den ersten Sätzen deklarieren und ihre Absichten offenlegen. Sie können sich dann sicher sein, dass sie wenigstens bei diesen Kollegen nicht ständig auf der Hut sein müssen, weil sie leicht zu durchschauen sind.

Machtamateure sind zwar mühsam in ihrer Kommunikation, weil sie häufig moralisieren und über ihre Befindlichkeiten sprechen. Sie lassen sich jedoch aufgrund ihrer offenen Art leicht führen und beeinflussen. Man muss nur *authentisch-glaubwürdig* wirken, das heißt so, als wäre alles ehrlich gemeint. Dann braucht man nur noch für die zwangsläufig sich ergebenden Diskrepanzen zwischen dem, was man gesagt hat, und dem, was man tun wird, möglichst gute Erklärungen finden. Damit halten Machtprofis sich den Rücken frei und sichern sich mittelfristig die Loyalität ihrer MitarbeiterInnen, Mitglieder oder WählerInnen.

Mit der Strategie des *authentisch-glaubwürdigen* Verhaltens lässt sich heute wesentlich mehr erreichen als mit *authentisch-echtem* Verhalten. Dieses hat in der *schönen neuen Welt* seine Bedeutung verloren, ja es ist sogar kontraproduktiv.

Innerbetriebliche Fortbildung als Falle

Die betriebliche Bildung erfüllt im Zusammenhang mit der Verbreitung und Durchsetzung der Werte der *schönen neuen Welt* mehrere Aufgaben. Sie wird von den Machtprofis im Top-Management nicht für wichtig erachtet. Man überlässt die Psycho-Spielwiese als eine Art von Belohnung und als Ventil für Emotionen der MitarbeiterInnen einfach den Gutmenschen in der Personalentwicklung. Dort sitzen überwiegend Machtamateure, die den Glauben an den Wert von *authentisch-echtem* Verhalten aufrechterhalten.

Allerdings werden psychologische Methoden in Firmenklausuren und bei Teamcoachings ganz gezielt zur Prüfung der TeilnehmerInnen und zur Beschaffung von Informationen eingesetzt. Zu Beginn der Veranstaltung wird ganz explizit zu *authentisch-echtem* Verhalten aufgefordert. Ebenso wird glaubhaft versichert, dass alles, was die TeilnehmerInnen im Seminar von sich geben, „in diesen Räumen bleibt". Die meisten Trainer, Coaches und Mediatoren sind ja auch selbst von der Bedeutung des *authentisch-echten* Verhaltens überzeugt. Den Schaden haben dann die Machtamateure unter den Gutmenschen, die nach dem Seminar plötzlich damit konfrontiert sind, dass die ganze Firma über ihr Problem Bescheid weiß, dass die nächste Beförderung nicht klappt und nicht einmal die Prämie gewährt wird.

Authentisch-echtes Verhalten wird zur Falle in der innerbetrieblichen Fortbildung. Wie das geschehen kann? Zunächst einmal deshalb, weil Menschen geschwätzig sind und Geheimnisse in einer Firma grundsätzlich nicht gewahrt werden können. Außerdem darf nicht übersehen werden, dass Chefs als Machtprofis mit ihrem *authentisch-glaubwürdigen* Verhalten auch die meisten Trainer beeinflussen und diese oft insgeheim instrumentalisieren und als Informanten benützen. Die hohen Investitionen in die firmeninterne Personalentwicklung müssen sich ja rechnen.

Weil aber Macht ein dynamisches Geschehen ist, ergibt das wieder ein neues Feld für Berater von Machtprofis auf dem Karriereweg: Wie überzeugen sie mit ihrer Selbstpräsentation psychologisch geschulte Beobachter im Hearing oder im Assessment-Center, und wie reagieren sie auf deren Fangfragen? Wie umgehen sie externe Supervisoren und Mediatoren, die zur Lösung von Konflikten in die Firma geholt werden? Wie stellen sie in Tiefeninterviews ihre Qualitäten *authentisch-glaubwürdig* dar, ohne dabei glatt oder verkrampft zu wirken?

Machtprofis vermeiden firmeninterne Trainer und Coaches, so weit es geht. Sie ziehen es vor, auf eigene Kosten und unter Ausschluss der Öffentlichkeit selbst gewählte Spezialisten zur Reflexion und Erweiterung ihres Verhaltensrepertoires zu konsultieren. Der mittleren Ebene sei angeraten, zu Seminaren oder Beratern außer Landes zu gehen und ihre Fallbeispiele zu anonymisieren. Jedenfalls ist äußerste Vorsicht geboten bei der Aufforderung zu *authentisch-echtem* Verhalten in der innerbetrieblichen Fortbildung.

Beispiel: Ein „glaubhafter" Verhandlungspartner

Stellen Sie sich vor, Sie wollen sich mit einer Geschäftsidee selbstständig machen. Sie bringen die fachliche Kompetenz und das Firmenkonzept ein und verhandeln mit Ihrem zukünftigen Mitgesellschafter um Details des Vertrages. Die ersten Gespräche waren sehr zufriedenstellend, die Atmosphäre wirkte angenehm und freundschaftlich.

Sie gehen davon aus, dass in einer so kleinen Firma absolute Ehrlichkeit und Transparenz selbstverständlich sind. Ihr Partner macht ganz den Eindruck, als würde er das auch so sehen. Er übernimmt voll Engagement die Aufgaben zur Vorbereitung der Gründung. Aus glaubhaften Gründen kann er die Ergebnisse jedoch nur selten zeitgerecht abliefern. Als es darum geht, das vereinbarte Kapital in die Gesellschaft einzubringen, ersucht Ihr Partner um Aufschub. Glaubhaft begründet er die Verzögerung mit einem anderen Geschäft, das nicht termingerecht abgeschlossen werden konnte. Beim nächsten Mal bringt er einen kleinen Teil der Summe ein, spricht von seiner Begeisterung über die Geschäftsidee und von seiner Freundschaft zu Ihnen: „Ich will ganz offen und ehrlich zu dir sein. Es wäre jammerschade, wenn wir durch diesen unangenehmen Zufall die Gründung unserer viel versprechenden Firma weiter hinauszögern oder im Nachhinein um teures Geld die Gesellschafteranteile wieder verändern müssten. Wir könnten doch jetzt, wie vereinbart, den Vertrag machen. Du müsstest mir nur als Privatperson das Geld borgen."

An dieser Stelle im Text denkt der Leser-Machtprofi: So blöd kann doch niemand sein!" Doch der Leser-Machtamateur weiß, dass er unterschreiben würde, wenn dieser Vorschlag in einer Atmosphäre von Freundschaft und unter dem Anspruch von Ehrlichkeit und Hilfsbereitschaft gemacht wird. Zu guter Letzt sitzt der Gutmensch dann in einer Firma mit einem unverlässlichen Partner, der überzeugend mit immer neuen Begründungen kommt, warum er weder Leistung noch Geld einbringen kann.

Dieses Beispiel beschreibt ein Täuschungsmanöver, das man im Alltag sogar bei unbedeutenderen Angelegenheiten erleben kann. Das geschieht auch, falls bei Projektarbeiten ein Mitglied des Teams seine Arbeiten nicht erledigt und die anderen dadurch unter Zeitdruck kommen, oder wenn ein Mitarbeiter ständig glaubhaft versichert, dass das Arbeitspensum zu hoch ist. In diesen Fällen ist die Strategie dem „Täter" nur halb bewusst. Er verdrängt vor sich selbst die Tatsache, dass er sich mit der Firmengründung oder Projektarbeit übernommen hat und anstatt wirklich reinen Tisch zu machen, die Sache aufzuklären und neue Entscheidungen zu ermöglichen, zieht er den beteiligten Gutmenschen immer weiter in das Chaos. Es handelt sich hier um jemanden, der unbewusst versucht, mit glaubwürdig vorgebrachten Erklärungen und Entschuldigungen mittelfristig sein Problem lösen zu können. Dieselben Techniken werden jedoch selbst von professionellen Betrügern ganz gezielt eingesetzt, um ihr Opfer zu täuschen.

Die Macht-Strategie: Protokoll und Kontrolle

Der erste Schritt zur Klärung der Lage ist die Einführung eines „Kontrollorgans". Anstatt das Vertrauen weiter aufrechtzuerhalten und die nächste Geschichte wieder zu glauben, beginnt man die Fakten zu überprüfen. Manche Gutmenschen brauchen dazu besonders zu Beginn ein Protokoll, indem sie die Geschehnisse genau aufzeichnen – und zwar die messbaren Ergebnisse, nicht die Gefühle und Befindlichkeiten. Wer hat was bis wann gemacht, wer hat sein Wort nicht gehalten, wer hat seinen Termin versäumt?

Sie sollten nicht die Entschuldigung dazuschreiben, die ist unwichtig, sondern nur die erbrachte Leistung. Dazu sollten Gutmenschen sich zwingen, auch wenn es ihnen gegen den Strich geht. Sie bedürfen der objektiven Darstellung, weil sie dazu neigen, die Details sofort wieder zu vergessen. Weil sie sich nicht an unangenehme Diskrepanzen erinnern wollen, nehmen sie lieber eine Mehrbelastung auf sich, beteuern, die Sache wäre nicht der Rede wert gewesen und stellen einseitig wieder ein gutes Verhältnis her.

Nun ehrt ja ein solches Verhalten eigentlich einen Menschen. Die Dinge nicht auf die „Goldwaage zu legen", „Fünf grad sein zu lassen" – also Nachsicht und Rücksicht fördern die Harmonie in Beziehungen und erzeugen ein angenehmes Klima. Wenn diese Haltung jedoch ausgenützt wird, was nicht nur im Beruf der Fall ist, sondern oft genug auch in privaten Beziehungen, dann muss man schleunigst auf Kontrolle umschalten können. Ab dann zählt nicht mehr, was jemand sagt, sondern nur noch, was jemand tut! Man bewertet die Situation nach den erbrachten Ergebnissen und nicht nach den Geschichten, die das Gegenüber dazu erzählt. Auch Mitgefühl und Hilfsbereitschaft sind in dieser Phase nicht von Nutzen. Der andere soll vielmehr dazu gebracht werden, die Konsequenzen seiner Handlungen selbst zu übernehmen. Seine Chancen, die Arbeit auf andere abwälzen zu können, müssen deutlich reduziert werden. Erst wenn das Protokoll – nicht der subjektive Eindruck! – eine deutliche Besserung der Ergebnis- oder der Termintreue ausweist, kann der Gutmensch langsam wieder mehr Vertrauen riskieren.

Bei einem Partner, der dazu neigt, authentisch im Sinne von „glaubwürdig" zu agieren, muss man jedoch immer auf der Hut bleiben. Kaum, dass sich der Gutmensch wieder in gutem Glauben entspannt, beginnt die Sache meist von vorn. Will er in solchen Beziehungen nicht ernsthaften Schaden erleiden, muss der leiseste Versuch des Gegenübers, wieder in das alte Muster zu verfallen, sofort und ohne Zögern geahndet werden. Eine solche Konsequenz fällt Gutmenschen im Allgemeinen nicht leicht. Sie müssen einiges an Anstrengung aufbringen, um dieses Täuschungsmanöver zu durchschauen, und erst recht, um sich daraus zu befreien.

Die Macht-Strategie: Pokerface und Hollywood

Gutmenschen, die genug davon haben, durch ihren Hang zu Ehrlichkeit in der *schönen neuen Welt* ständig Nachteile zu erleiden, sei die Strategie „Pokerface und Hollywood" ans Herz gelegt. Ein guter Pokerspieler erzielt seinen Vorteil dadurch, dass er mit keiner Miene die Qualität seiner Karten verrät. Er hält sich bedeckt, lässt seine Mitspieler im Unklaren und manchmal blufft er sogar. Ein guter Schauspieler, eine Schauspielerin kann sich mit der Rolle so sehr identifizieren, dass das Publikum vom Charakter der Figur restlos überzeugt wird. Der Erfolg beim Pokern und in Hollywood kommt nicht von echtem, sondern von glaubwürdigem Verhalten. Gutmenschen müssen sich die Erlaubnis geben, *authentisch-glaub-*

würdiges Verhalten zu erlernen und auch anzuwenden. Dazu ist es nicht notwendig, Ehrlichkeit und Echtheit grundsätzlich abzulegen, man muss sie nur am richtigen Platz einsetzen.

Als Machtstrategie nützt der Einsatz von „Pokerface und Hollywood" immer dann, wenn man im Augenblick kein reelles Angebot machen kann. Es erweist sich als hilfreich, wenn man das mittelfristige Ziel nicht durch eine ehrliche Absage gefährden will oder wenn man Zeit gewinnen muss. Zur Vorbereitung dieser Strategie sind folgende Fragen zu klären:

1. Frage: Auf welchem Punkt der Skala zwischen Herz- und Leistungs-Beziehungen liegt der Konflikt?
In den meisten Leistungs-Beziehungen der *schönen neuen Welt* zählen Glaubwürdigkeit und Überzeugungskraft mehr als Ehrlichkeit und Offenheit. Letztere sind in ihrer reinen Form nur in Herz-Beziehungen sinnvoll. Doch selbst in Leistungs-Beziehungen gibt es eine Bandbreite von Verhaltensweisen, die von völliger Wahrhaftigkeit über das Zurückhalten von Informationen bis zur bewussten Lüge reicht. So kann beispielsweise ein Arzt trotz hoher ethischer Verpflichtung nicht immer alles sagen, was er sieht oder was er sich denkt. Er muss eine Auswahl treffen. Am anderen Ende des Spektrums steht die bewusste und gezielte Täuschung des Gegenübers. Die meisten Menschen planen ihr Verhalten nicht strategisch, sie legen sich keine Rechenschaft darüber ab, sondern handeln aus dem Instinkt heraus. Machtkompetente Menschen treffen eine bewusste Entscheidung, auf welchem Punkt der Skala sie sich in diesem konkreten Fall positionieren wollen.

2. Frage: Was drängt mich dazu, alle Karten gleich offen auf den Tisch zu legen?
Machtamateure unter den Gutmenschen wirken oft wie Plaudertaschen. Sie haben eine nahezu kindliche Freude daran, sich mitzuteilen und ein starkes Bedürfnis nach Beziehung und Verbin-

dung. Der Austausch inspiriert sie und meist überprüfen sie erst während des Redens mit anderen Menschen ihre Ideen und Pläne auf ihre Umsetzbarkeit. An diesem Verhalten ist prinzipiell nichts auszusetzen – doch sollte es nicht in angespannten Leistungs-Beziehungen angewendet werden. Es eignet sich für ein Brainstorming oder entspanntes Plaudern mit vertrauten Partnern. Wenn es um die Durchsetzung von Zielen im Beruf geht, sollte man tunlichst überprüfen, wie viel Offenheit angebracht ist.

Ein häufiger Grund, warum Machtamateure ihre Absichten frühzeitig offenlegen, ist das Bedürfnis nach Anerkennung und Zuwendung. Sie möchten zeigen, wie gescheit, kreativ oder fleißig sie bei der Vorbereitung der Verhandlung waren und dafür gelobt werden. Dabei überlassen sie jedoch dem Partner die Funktion als Autorität und verschlechtern ihre eigene Position gleich von Anfang an. Und zu guter Letzt veranlasst Machtamateure die Angst vor moralischer Verurteilung ihrer nicht eingestandenen persönlichen Wünsche und vor Bestrafung durch Liebesentzug zum Reden.

Es hilft durchaus, sich seiner Motive bewusst zu werden und alle menschlich verständlichen, aber für eine Verhandlung unter Erfolgszwang unpassenden Bedürfnisse in sein Privatleben oder zu seinem Coach zu verlagern. Man muss seine Pläne und Absichten bedeckt halten und nie mehr davon zeigen, als absolut notwendig ist. Es ist sinnvoll, einen Stufenplan vorzubereiten, wann welches Argument gebracht und was grundsätzlich verschwiegen werden soll.

3. Frage: Was weiß ich von meinem Verhandlungspartner?
Ob das Gegenüber ein verlässlicher Geschäftspartner oder bloß ein begnadeter Schauspieler ist, der einem glaubhaft die Sterne vom Himmel verspricht, lässt sich nur durch Überprüfung der Vergangenheit herausfinden. Man kann bei früheren Kollegen, Arbeitgebern, im Internet und bei Geschäftspartnern recherchieren und sollte unbedingt v o r der Verhandlung die bereits be-

kannten Indizien bewerten: Was hat der Gesprächspartner bei anderen Gelegenheiten versprochen und was davon hat er gehalten? Handelt es sich um ein „unbeschriebenes Blatt", dann empfiehlt es sich, in den ersten Gesprächen Situationen aus der Vergangenheit zum Thema zu machen. Vielleicht erhält man daraus einschlägige Hinweise. Bei ganz neuen Verhandlungspartnern bleibt es einem jedoch oft nicht erspart, Lehrgeld zu bezahlen. Gute Bluffer kann man nicht beim ersten Mal durchschauen, man braucht Ergebnisse dazu. Erst dann lässt sich beurteilen, ob jemand eine gute Inszenierung spielt oder ehrlich ist. Erst ab diesem Zeitpunkt kann man die richtige Taktik wählen.

4. Frage: Welche Teilziele kann ich einfordern?
Wenn Recherchen oder Indizien ergeben haben, dass das Gegenüber zu den „Schauspielern" gehört, dessen Argumente zwar überzeugend klingen, der seine Vereinbarungen jedoch nicht hält, dann ist es Zeit, ein Sicherheitsnetz zu spannen. Man kann zum Beispiel das Ziel in mehrere Teilziele zerlegen. Anstelle der großen Gehaltserhöhung im nächsten Jahr besteht man auf einer kleineren schon heuer. Anstatt sich insgesamt vertrösten zu lassen, setzt man die Realisierung eines nächsten Gesprächstermins durch. Wichtig ist es dabei, darauf zu achten, sich nicht mit bloßen Versprechungen abspeisen zu lassen. Man darf sich erst zufriedengeben, wenn man die Ernte auch wirklich eingefahren hat.

5. Frage: Welche Konsequenzen und Kampfmaßnahmen kann ich setzen?
Bei Menschen der Marke *authentisch-glaubwürdig* muss man darauf vorbereitet sein, dass die getroffene Vereinbarung nicht hält. Als Abwehrstrategie sind allerdings die moralische Keule, der Vorwurf oder das offene Ansprechen der Inszenierung nicht zu empfehlen. Selbst wenn dies zu den Lieblingsstrategien der Machtamateure unter den Gutmenschen gehört, sollte man sich lieber dafür entscheiden, schon im Vorfeld die „Inventur in der

Waffenkammer" zu machen. Die Frage lautet: Womit kann ich Druck aufbauen? Welche Schwierigkeiten kann ich dem Gegenüber bereiten? Beispielsweise könnte man, anstatt sich von einem Geschäftspartner länger hinhalten zu lassen, ihm zuerst Termine setzen, dann die Klage in Aussicht stellen und zu guter Letzt die Trennung erwägen. Erst dann wird sich zeigen, wie ernst er es mit seiner Begeisterung meint und was er bereit ist, selbst für die Sache zu riskieren. Da sich sehr wahrscheinlich eine Auseinandersetzung nicht vermeiden lassen wird, müssen die Eskalationsmöglichkeiten überprüft werden, sonst ist man der Dumme und muss wieder von vorn beginnen.

Um diese Machtstrategie souverän anwenden zu können, ist es hilfreich, die Gewissensfrage im Vorfeld zu klären: Wie weit bin ich dazu bereit, die Wahrheit umzudeuten, zu verschweigen oder zu lügen, um ein Ziel zu erreichen? In weiterer Folge müssen vor allem Neulinge in dieser Strategie Schauspielkunst trainieren. Man bringt seine Argumente mit Überzeugungskraft so lange vor der Kamera oder vor dem Spiegel vor, bis man sich die Geschichte selbst glaubt. Weiters braucht man bei der Strategie „Pokerface und Hollywood" gute Scheuklappen. Man muss sich dazu zwingen, während der Verhandlung ganz strikt immer nur an seine Rolle zu denken und sich vor Reflexionen auf der Metaebene hüten. Ethische Bedenken müssen unbedingt vorher oder nachher geklärt werden – niemals auf der Bühne. Und zu guter Letzt sollte man als Sicherheitsnetz treffende Argumente für den Zeitpunkt vorbereiten, an dem man das Versprechen nicht einlösen kann. Spätestens an diesem Punkt laufen Gutmenschen Gefahr, mit dieser Strategie doch noch zu scheitern.

Als mentale Stärkung helfen wie im Sport einige Vorsätze:
- Ich halte mich bedeckt und lege nicht gleich alle Karten auf den Tisch.
- Ich überprüfe, ob mein Verhandlungspartner seine glaubwürdig vorgebrachten Versprechen auch umsetzt.

- Offenheit und Ehrlichkeit lebe ich in meinen Herz-Beziehungen.
- In Leistungs-Beziehungen der *schönen neuen Welt* erlaube ich mir, Inszenierungen für meine Zwecke einzusetzen.
- Ich kontrolliere meinen Automatismus zur Ehrlichkeit.
- Ich lasse mich nicht von den Inszenierungen anderer beeindrucken.

Bei Leistungs-Beziehungen gilt der alte Bibelspruch: „An ihren Früchten werdet ihr sie erkennen!" Es zählt nicht, was jemand sagt, sondern was davon auch wirklich umgesetzt wird. Wenn der Partner die Hollywood-Strategie einsetzt, so sollte man das nicht erst bei der Oscar-Verleihung, sondern schon bei der Premiere erkennen.

Gefahren für Herz-Beziehungen

Je glaubwürdiger und erfolgreicher Menschen in ihren Leistungs-Beziehungen sind, umso eher laufen sie Gefahr, diese Taktiken sogar in ihren Herz-Beziehungen einzusetzen. Sie sind verwöhnt: Durch den Einsatz der „Pokerface-und-Hollywood"-Strategie erspart man sich Konflikte, vieles löst sich von selbst, man gefällt sich in der Rolle des guten Schauspielers, man erreicht meist seine Ziele mit geringer Anstrengung.

Diese Qualitäten würde der Machtprofi auch gerne in seinen privaten Konflikten erleben. Doch der Hang zu Inszenierungen gefährdet jede auf Langfristigkeit angelegte Herz-Beziehung. Da es nicht möglich ist, sich auf Dauer rauszureden, geht der Respekt unweigerlich verloren. In echten freundschaftlichen Verhältnissen kann man nur mit Ehrlichkeit, Offenheit und Echtheit bestehen – sie leben vom Vertrauen. Jede Art von strategischem Verhalten stellt eine ernsthafte Bedrohung für die Nähe dar. Daher hat in Herz-Beziehungen nur *authentisch-ehrliches* Verhalten Sinn. Für dieses benötigt man allerdings eine Menge Mut. Oft müssen Machtprofis, die auf dem Berufsschauplatz mit ihren Inszenierungen erfolgreich sind, in ihren Herz-Beziehungen umdenken und authentisches Verhalten im Sinne von Offenheit und Ehrlichkeit erst erlernen. Selbst wenn sie damit ein großes Risiko eingehen, ist der Aufwand dennoch zu empfehlen, denn die Beziehung wird sich klären: Sie wird entweder zu Ende gehen oder lebendiger und lebenswerter werden.

2. Der Wolf im Schafspelz

In Management-Büchern und Kommunikations-Seminaren wird für die Lösung von Konflikten seit Jahrzehnten ein Dauerbrenner angeboten: die Win-Win-Strategie. Diese kommt aus der Spieltheorie und ist im Bereich der Verhandlungstechniken auch bekannt als „Harvard-Konzept" und in der Mediation als „Konfliktlösung ohne Verlierer". Das Prinzip besagt, dass es möglich wäre, Resultate zu finden, durch die beide Parteien trotz anfänglicher gegensätzlicher Interessen als Gewinner hervorgehen. Weiters beruht die Win-Win-Strategie auf der Bereitschaft der Verhandelnden, gemeinsame und dauerhafte Lösungen zu erzielen, indem sie nicht auf vordergründigen Positionen beharren, sondern ihre dahinterliegenden Motive offenlegen. Um das zu erreichen, müssen alle Beteiligten über ein hohes Maß an Kommunikationstechniken verfügen und die Stimmung muss einigermaßen vertrauensvoll sein. Selbst die Vertreter der Theorie schränken ein, dass Win-Win umso eher funktioniert, wenn die Interessenunterschiede der Parteien nicht zu groß sind.

Die Illusion: Die Win-Win-Strategie löst alle Probleme

Win-Win klingt für Gutmenschen großartig: Endlich muss man seine Interessen nicht mit Kampf oder mit Gewalt durchsetzen. Es besteht vielmehr die berechtigte Chance, einen gemeinsamen Weg zu finden, um einen Konflikt für beide Parteien akzeptabel zu lösen und auf diese Weise nachhaltige Beziehungen zu ermöglichen. Die Win-Win-Strategie gilt als politisch korrekt, als friedlich und sauber und wird daher besonders von Harmonie liebenden Menschen geschätzt.

Gutmenschen erliegen nur allzu leicht dem Irrglauben, dass sie sich den Zyklus der Eskalation ersparen könnten. Sie versuchen daher Konflikte möglichst zu vermeiden. Wenn das nicht klappt, dann wollen sie mithilfe der Win-Win-Strategie für beide Parteien gleichermaßen einen Gewinn ermöglichen.

Da sie von der Wirksamkeit und Bedeutung der Win-Win-Strategie überzeugt sind, bemühen sich Gutmenschen oft bis zur Erschöpfung um die Interessen der anderen. Weil sich jedoch in einer Gesellschaft, in der Egoismus und Individualismus großgeschrieben werden, im Gegenzug niemand anderer um ihre Interessen kümmert, geht die Rechnung nicht auf. Zunehmend werden Menschen, die eine Konfliktlösung ohne Verlierer als ihr wesentliches Instrument betrachten, selbst zu Verlierern. Sie schaden sich selbst oder werden ausgenützt, weil sie in ihrem Bemühen um die Bedürfnisse der anderen ihre eigenen Ziele aus den Augen verlieren. Sie vergessen zu überprüfen, ob die andere Partei ihre Bemühungen erwidert oder überhaupt verdient. Die Reaktionen reichen dann von Hilflosigkeit und Verzweiflung bis zu Aggression und Kontrollverlust. Gutmenschen verstehen die Welt nicht mehr, fühlen sich ungerecht behandelt und zerschlagen in der Überreaktion oft mehr Porzellan, als nötig wäre.

Will man wirklich erfolgreich sein, muss man jedoch das ganze Spektrum der Eskalationstechniken von friedlichen Informationen über die Verhandlung bis zum Kampf beherrschen. Es ist selten sinnvoll, sich bei der Durchsetzung seiner Interessen grundsätzlich und von vornherein in der Wahl der Mittel zu beschränken. An diesem Punkt haben Gutmenschen meist ein Verständnisproblem. Sie verbinden Durchsetzung prinzipiell mit der Anwendung von Gewalt und glauben, es ginge dabei nur um Ellbogentechniken ohne Rücksicht auf Verluste. Ihre Sorge ist, es würde die Ethik verloren gehen, wenn man sich zu sehr mit den eigenen Zielen beschäftigte.

In der Praxis bewährt sich jedoch das Gegenteil: Machtkompetenz bedeutet keineswegs, sich unnötig Feinde zu schaffen oder unethisch zu handeln. Es geht vielmehr darum, die gewählten Maßnahmen richtig zu dosieren und die realen Grenzen ausloten zu können. Dazu benötigt man ein hohes Maß an Selbstwahrnehmung und vor allem an Selbstdisziplin. Gar nicht selten haben Machtamateure unter den Gutmenschen diesbezüglich auch falsche Vorstellungen von sich selbst und ihrer Bereitschaft zur Gewalt. Wenn sie nämlich unvermutet Gelegenheit zum Sieg bekommen, verlieren manche ihre Zurückhaltung und diktieren ihre Wünsche ohne Kompromissbereitschaft. Auch übersehen sie oft genug, dass ihre Methoden, die von moralischem oder ideologischem Druck bis zum Gesinnungsterror reichen können, zu den Kampftechniken zu zählen sind.

Machtprofis hingegen wissen, dass sie mit dem Gegner sorgsam umgehen müssen, weil sie ihm nämlich bald wieder als Geschäfts- oder Koalitionspartner begegnen könnten. Sie bemühen sich daher nach gekonnter und dosierter Eskalation auch wieder um Deeskalation. Geld-Menschen stehen der Harmonie pragmatisch gegenüber. Wenn alle sich verstehen, ist es gut; wenn sie verschiedener Meinung sind, ist es auch gut. Dann kommt eben die nächste Herausforderung. Sie sehen den Großteil ihrer Aktivitäten mit sportlichem Ehrgeiz, verfeinern ständig ihre eigene Technik und halten sich durch Übung bei Kondition. Niederlagen nehmen sie meist nicht persönlich, sondern können nach einem Kampf entspannt mit dem Kontrahenten „auf ein Bier gehen".

Für Gutmenschen steht in solchen Auseinandersetzungen immer viel mehr auf dem Spiel. Sie sehen die Grundfesten der Wertegemeinschaft erschüttert oder den Weltfrieden gefährdet. Meist fühlen sie sich selbst persönlich in ihrer Ehre angegriffen, wenn jemand trickst oder blufft. Daher können sie auch die Geschichte mit dem Bier danach nicht verstehen.

Wie die Illusion genährt wird

Die Win-Win-Strategie ist ein Produkt der psychologisierenden Wertesysteme der 1970er und 80er Jahre und dennoch hält sie sich in der *schönen neuen Welt* erstaunlich gut. Und nicht nur das, sie wurde quasi zum Selbstläufer in Wirtschaft und Politik. Es gibt kaum eine Schulung und kaum eine Ansprache, bei der nicht die Vision von zwei gleichwertigen Gewinnern strapaziert würde. Das wirft die Frage auf, warum ausgerechnet diese Version der Verhandlungstechnik zu so großen Ehren kam. Die Win-Win-Strategie bedient in nahezu perfekter Weise das Macht-Tabu. Sie verstärkt die Illusion, dass Interessenkonflikte bei einigem guten Willen doch mit einer gemeinsamen Anstrengung zur Zufriedenheit aller Beteiligten zu lösen wären.

Aus diesem Zusammenhang stammt auch der Begriff „Konfliktlösung", der den Begriff „Durchsetzungsstrategien" nahezu von der Bildfläche verdrängt hat. Diesem Prozess liegt das sogenannte „Beratersyndrom" zugrunde, welches vermehrt bei Gutmenschen vorkommt. Während Geld-Menschen sich prinzipiell als Teil eines Konflikts erleben und ihre Strategien planen, mit denen sie zu ihrem Ziel gelangen wollen, formulieren Gutmenschen ihre Interessen meist gar nicht so konkret. Sie bereiten sich nicht strategisch darauf vor, ihre Vorhaben umzusetzen, sondern haben vor allem eines im Auge: die friedliche Lösung des Konflikts. Doch damit entsteht quasi ein Metaziel. Es ist dann nicht mehr so wichtig, dass Gutmenschen erreichen, wofür sie ursprünglich angetreten sind, sondern dass der Konflikt gelöst wird.

„Konfliktlösung" als Ziel zu haben, hat für die beteiligten Parteien selten Sinn. Das Ziel, den Konflikt zu lösen, ist in Wahrheit nur für einen nicht beteiligten Berater, einen Coach, einen Rechtsanwalt, einen Mediator als solches geeignet. Seine Aufgabe sieht er nämlich dann erfüllt, wenn er dazu beitragen konnte, den Konflikt der Klienten zu lösen. Hingegen ergibt sich das Ende des Konflikts für die Parteien als Nebenprodukt von selbst, wenn sie ihre Interessen abgearbeitet haben und ihre Ansprüche umsetzen konnten, oder wenn sie davon abgerückt sind und einen geordneten Rückzug angetreten haben.

Man kann sich den Ablauf in etwa so vorstellen: Der Gutmensch möchte eine Gehaltserhöhung und der Geld-Menschen-Chef muss die Personalkosten gering halten. Wenn Letzterer sich daher zum Ziel gesetzt hat, dieses Ansinnen unter allen Umständen abzulehnen, dann entsteht ein Interessenkonflikt, der dementsprechende Spannung erzeugt. Erst bringen beide Seiten Argumente vor, dann wird der Geld-Mensch zunehmend Druck aufbauen und unter Umständen das Ende der Arbeitsbeziehung in den Raum stellen. Sehr rasch wird der Gutmensch nur noch eines im Sinne haben: den Konflikt zu lösen, die Spannung zu reduzieren, um wieder ein gutes Einvernehmen herzustellen. Er/Sie lässt sich dann vertrösten, mit Versprechungen abspeisen oder mit Lob beruhigen. Nun ist der Konflikt gelöst, es wurde friedlich verhandelt, es kam nicht zum Kampf. Doch tatsächlich hat der Gutmensch einfach sein Ziel, mehr Geld zu bekommen, zugunsten der Konfliktlösung aufgegeben.

Die nicht hinterfragte Maxime „Konfliktlösung statt Durchsetzung" verhindert über lange Strecken die Einsicht, dass man sein eigentliches Ziel nicht erreicht hat. Die Methode, sich durch den Blick von außen einem Konflikt zu entziehen, führt zu einer abgehobenen moralisierenden Haltung, die in der *schönen neuen Welt* immer seltener von Erfolg gekrönt ist. Das „Beratersyndrom" schwächt vielmehr die Fähigkeit, für seine eigentlichen Interessen auch tatkräftig einzutreten. Der Appell zum Entgegenkommen richtet sich immer an die anderen, man will sich selbst die Hände nicht schmutzig machen und nicht in den Ring steigen.

Gutmenschen reagieren auf unfaires Verhalten oft, jedoch nur selten erfolgreich, mit einer ihrer Lieblingsstrategien, der moralischen Empörung. Die Tatsache, dass der andere nicht die gleichen Wertvorstellungen hat – beispielsweise Ehrlichkeit oder Transparenz –, lässt Gutmenschen in der Sekunde ihre eigenen ursprünglichen Ziele vergessen. Anstatt ein höheres Gehalt zu erkämpfen, mutieren sie unaufgefordert zum Erzieher oder zum Missionar, dessen vordringlichstes Ziel es nun ist, aus dem Gegner einen guten Menschen zu machen. Sie erheben gegenüber dem Verhandlungspartner Vorwürfe, appellieren an sein Gewissen und beschwören die abendländischen Werte. Wenn das alles nichts nützt, sind sie persönlich gekränkt. Zwar könnte dies auch eine besonders gefinkelte Verhandlungsstrategie sein – meist ist es jedoch bitterer Ernst.

Dieses Streben nach einer besseren Welt ist zwar ehrenhaft, führt jedoch selten zur Abwehr der gegnerischen Maßnahmen, sondern endet mit einem Eigentor: Der Gutmensch hat nicht mehr Gehalt bekommen, er hat die Beziehungsebene zum Chef durch den Angriff auf sein Wertesystem schwer ramponiert und die Welt ist um keinen Deut besser geworden.

Wenn der Gutmensch damit zufrieden sein könnte, dass er zwar den Konflikt gelöst, aber die Gehaltserhöhung nicht bekommen hat, wäre auch nichts dagegen einzuwenden. In den meisten Fällen entsteht jedoch bitterer Groll oder starke Aggression wegen der erlittenen Ungerechtigkeit. Oft macht sich Resignation breit, weil der Gutmensch einfach nicht mehr weiß, wie er weiter vorgehen soll. Sein Selbstbewusstsein hat schweren Schaden erlitten. Er wird sich immer weniger an Konflikte herantrauen, weil er erlebt hat, dass deren Lösung meist zu seinen Ungunsten ausgeht. Selten zieht der Gutmensch daraus den Schluss, dass er vielleicht die falsche Vorgangsweise gewählt haben könnte.

Die Realität in der *schönen neuen Welt*: Verdeckter Kampf

Die Win-Win-Strategie ist deshalb immer noch in aller Munde, weil sich ihre Anwendung in der *schönen neuen Welt* so gut zur Verschleierung von Kampfmaßnahmen eignet. Sie hat zudem noch den Vorteil, dass sie die Gutmenschen beschäftigt hält. Machtprofis müssen sich auf diese Weise nicht als harte Kämpfer präsentieren, sondern teilen scheinbar ein gemeinsames Ziel. Sie erfüllen mit der Erwähnung der Win-Win-Situation den Anspruch auf Political Correctness, auf ethische Selbstbeschränkung. Solange es genügend Menschen gibt, die n i c h t ausschließlich auf ihren eigenen Vorteil bedacht sind, sondern Ideale wie Frieden und Gemeinschaft wertschätzen, kann deren Haltung in großem Stil für die Durchsetzung der eigenen Interessen ausgenützt werden. Jene, die das Maximum für ihre Zielsetzung herausholen wollen, fahren mit dem Appell an den gemeinsamen Gewinn ein Täuschungsmanöver. Während der Gutmensch noch auf der Suche nach den Gemeinsamkeiten ist, hat der Geld-Mensch schon seine Schäflein im Trockenen. Und wenn er die Win-Win-Technik gut beherrscht, erkennt der Gutmensch erst viel später, dass sein Gewinn nichts oder weniger wert ist. Der Machtprofi war nur auf seinen eigenen Vorteil bedacht und hat einen spektakulären Sieg einfahren können.

Bei Interessenkonflikten in Politik und Wirtschaft versuchen beide Parteien das Maximum für sich herauszuholen, es besteht nur selten die Chance auf einen echten Gewinn für beide Seiten. Die meisten Entscheidungsträger der *schönen neuen Welt* haben bei Konflikten vor allem eines im Sinn: zu gewinnen oder einen möglichst tragfähigen Kompromiss auszuhandeln. Im schlimmsten Fall verlieren sie und starten dann aufs Neue mit einer anderen Taktik oder mit mehr Ressourcen.

Heute ist aufgrund des Drucks, Gewinne maximieren, Investoren und Medien bei Laune und bei der Stange halten zu müssen, Großzügigkeit kaum noch angebracht. Fast überall wird beinhart verhandelt. In den meisten Fällen müssen beide Parteien auf Teilbereiche verzichten, damit sie zu einem Kompromiss finden. Dies kann man jedoch nicht als Win-Win-Situation bezeichnen, der Kompromiss gehörte schon zu den häufigsten Verhandlungsergebnissen, noch lange bevor die Vorstellung von zwei Gewinnern den Markt eroberte.

Selbst wenn Gutmenschen diese Tatsache lieber verdrängen: Um ein Ergebnis zu erzielen, muss zwischen Verhandlungsabschnitten offen oder verdeckt gekämpft werden. Machtprofis bereiten sich auf unterschiedliche Möglichkeiten vor, nicht nur auf die äußerst seltene Win-Win-Situation. Wenn eine Partei ihre Interessen einseitig gegen die andere durchsetzen kann, dann verliert nur einer: Das ergibt eine Win-Lose-Situation. Und weil auch die beste Strategie falsch sein kann, ist sogar das Scheitern beider möglich, was einer Lose-Lose-Situation gleichkommt. Selbst der geordnete Rückzug stellt immer eine Option dar. Menschen, in deren Wertesystem Konkurrenz, Kampf und Sieg hoch oben rangieren, haben für solche Situationen jede Menge Werkzeug und Waffen parat: Sie wissen, dass man Vertrauen mit Kontrolle paaren, auf Fehlverhalten der anderen reagieren und Alternativen vorbereiten muss – kurzum, sie verhalten sich strategisch und taktisch klug.

Woher haben Geld-Menschen dieses Wissen? Schon in der Kindheit lernen sie bei Wettkämpfen und Strategiespielen einen Gegner einzuschätzen und den Spielraum für den eigenen Vorteil auszunutzen. Sportarten, bei denen nicht einsam gegen die Stoppuhr oder den inneren Schweinehund, sondern gegen einen Gegner gekämpft wird, bieten für dieses Verhalten ein weites Übungsfeld. Beim Einstieg ins Berufsleben wird der junge Mann – diese Erziehung war und ist zum Großteil immer noch den Männern vorbehalten – Förderern anvertraut, die ihn in ihr Schlepptau nehmen. Es wird wenig erklärt und wenig hinterfragt, einfach gehandelt. Der Schützling lernt zuerst durch Beobachtung und später durch Versuch und Irrtum. Zu diesem Zeitpunkt hat er jedoch bereits eine klare Vorstellung: Ich will gewinnen! Viel Geld verdienen, Vorteile erzielen, Karriere machen – ein Geld-Mensch findet daran nichts Böses, während ein Gutmensch bereits den Gedanken daran als unmoralisch verurteilt. Daher ist er auch auf Tricks nicht vorbereitet und für den anderen leicht zu durchschauen.

Die unterschiedliche Sicht auf den Umgang mit Konflikten sowie die damit verbundene Spannung ist nicht neu, es gab sie zu allen Zeiten. Auch Beispiele aus den vordergründig friedfertigen Religionen sind zwiespältig und weisen auf verdeckte Kampfstrategien hin: Jesus jagte die Händler mit der Peitsche aus dem Tempel, als ihre Geldgeschäfte ihn empörten. Das Neue Testament empfiehlt nicht nur, „auch die rechte Backe hinzuhalten, wenn man auf die linke geschlagen wird". Es rät zudem, „glühende Kohlen auf den Häuptern seiner Feinde zu sammeln", was sicher auch nicht gerade angenehm ist. Mahatma Gandhi ist zwar für seinen friedlichen Protest beim sogenannten „Salzmarsch" für viele zum Symbol dafür geworden, dass „es auch anders geht". Weniger bekannt dürfte hingegen sein, dass er durchaus bereit war, Interessen auch mit härteren Methoden durchzusetzen. Bei vielen der Strategien, welche die Anhänger seiner Philosophie heute als friedlich bewundern, handelt es sich in Wahrheit um einen verdeckten Kampf oder um eine besonders erfolgreiche Überraschungstaktik. Immerhin lautet eine von Gandhis Normen: Wähle Gewalt vor Feigheit.

In Religionen wie in der Politik wird der Friede stets als oberstes Ziel bezeichnet – die Handlungen zeugen hingegen oft vom Gegenteil. Im Alltag tut man gut daran, aufmerksam und vorsichtig zu sein, wenn jemand zu oft vom allgemeinen Frieden spricht und diesen ständig vehement einfordert – es könnte sich dahinter eine scharfe Waffe verbergen. Auch in der *schönen neuen Welt* dient das Win-Win-Prinzip oft der Verschleierung eigener Kampfmaßnahmen: Der reale Verlust des Partners wird diesem als Gewinn verkauft.

Beispiel: Auf eine andere Fährte gelockt

Stellen Sie sich vor, Sie haben zwei Jahre engagiert und effizient für Ihre Firma gearbeitet. Seit Monaten rechnen Sie damit, dass Ihr Chef Sie zu sich holt und Ihnen eine Gehaltserhöhung anbietet. Sie sind davon überzeugt, dass das nur gerecht wäre und dass sie es auch verdient hätten. Als dann aber beim jährlichen Mitarbeitergespräch nichts davon erwähnt wird, beschließen Sie, die Sache selbst in die Hand zu nehmen und mit Ihrem Chef zu reden. Schon in den ersten Minuten des Gesprächs haben Sie ein mulmiges Gefühl. Ihr Chef lässt Sie gar nicht aufzählen, was Sie alles geleistet haben. Er betont die gemeinsamen Interessen, nämlich das Wohlergehen der Firma, und erklärt, wie sehr er Ihre Leistungen schätze und wie unverzichtbar Sie wären.

Während Sie noch von Gerechtigkeit sprechen wollen, schlägt der Chef schon einen Deal vor, von dem Sie beide profitieren würden – eine Win-Win-Strategie: In wirtschaftlich schlechten Zeiten sei eine Gehaltserhöhung nicht drin. Alle anderen Mitarbeiter würden auch für dieselbe Entlohnung ihren Einsatz bringen und damit zur Stabilisierung beitragen. Es wäre daher nur gerecht, sich ihnen anzuschließen. Wenn alle gemeinsam dazu beitrügen, die Arbeitsplätze zu sichern, würden Sie letztendlich mehr gewinnen. Bevor Sie noch etwas erwidern können, werden Sie mit ermunternden Worten verabschiedet.

Nun stecken Sie im Dilemma: Was ist Ihnen wichtiger? Ihr eigenes Gehalt oder das Gefühl, einen sicheren Arbeitsplatz zu haben und sich mit den Kollegen zu solidarisieren? Damit ist freilich ein neues Ziel hinzugekommen, nämlich Arbeitsplatzsicherheit, und dieses steht im Gegensatz zum ursprünglichen Ziel, mehr Gehalt zu bekommen.

Wenn Sie dem neuen Angebot zustimmen, worin besteht dann eigentlich die Win-Win-Strategie? Ihr Geld-Menschen-Chef hat tatsächlich die Kosten für die Gehaltserhöhungen eingespart – und was haben Sie? Wie sicher ist Ihr Job dadurch geworden? Sehr wahrscheinlich ist Ihr Gewinn einfach nur eine Illusion. Sie wurden auf eine falsche Fährte gelockt, indem man Ihnen ein anderes Ziel als das ursprüngliche untergeschoben hat. Nun hofft man, wieder ein Jahr Zeit gewonnen zu haben, bis Sie mit neuen Forderungen kommen – vielleicht haben Sie aber auch schon völlig resigniert, dann gibt es für die Geschäftsführung wieder ein Problem weniger.

Die Macht-Strategie: Odysseus und die Sirenen

Meist erkennen Gutmenschen ihren Irrweg erst, wenn trotz Gehaltsverzichts die ersten Kündigungen ausgesprochen werden, wenn sie entdecken, dass andere Kollegen sehr wohl mehr verdienen oder wenn das Management seine eigenen Gehälter kräftig erhöht. Dann ist die Enttäuschung groß und sie machen sich selbst Vorwürfe, warum sie nicht standhaft geblieben sind.

Wo liegt die Achillesferse des Gutmenschen? Wodurch gelingt es dem Geld-Menschen immer wieder, ihn über den Tisch zu ziehen und als Gewinn für beide Seiten zu verkaufen, was eigentlich nur seinem eigenen Vorteil dient? Der Gutmensch ist einer Verlockung erlegen und hat, ohne es selbst zu merken, sein Ziel mitten im Spiel geändert. Zuerst wollte er eine Gehaltserhöhung und dann erschien es ihm doch erstrebenswerter, der Gemeinschaft zu dienen oder aus seinem Chef einen edleren Menschen zu machen. Es sollte also zuerst ein handfestes materielles Ergebnis herauskommen, doch am Ende blieb ein vages, nicht überprüfbares Versprechen übrig.

Wenn man plötzlich mitten im Gespräch ideelle Werte oder persönliches Verhalten zum Verhandlungsgegenstand erhebt, dann macht man es dem Gegner ganz leicht, eine Win-Win-Situation zu konstruieren. Der Gutmensch erhält als Gewinn, dass der Gegner Einsicht in sein schlechtes Benehmen zeigt und Besserung verspricht. Der Gewinn des Geld-Menschen besteht hingegen in handfesten materiellen Vorteilen. Tatsächlich ist dies ein Spiel auf Sieg und Niederlage: Der Gutmensch hat verloren. Der Geld-Mensch hat gewonnen.

Aber wie hätte es gehen können? Nehmen wir uns ein Beispiel an Odysseus. Dieser wollte nach Beendigung des Krieges um Troja wieder zurück nach Ithaka. Auf seiner Irrfahrt dorthin musste er jedoch an der Insel der Sirenen vorbeisegeln. Es war bekannt, dass die Sirenen mit ihren zauberhaften Gesängen die Seeleute vom Kurs abbrachten und ins Verderben stürzten. Daher pflegten erfahrene Seefahrer sich die Ohren mit Wachs versiegeln zu lassen, um der Versuchung nicht zu erliegen. Odysseus wollte jedoch die wunderbaren Stimmen hören. Doch schlau, wie er war, ließ er sich zur Sicherheit am Mast festbinden, damit die Sirenen ihn nicht zu unvernünftigen Handlungen verführen konnten.

Damit Gutmenschen in Zukunft nicht mehr auf den Trick mit der Win-Win-Strategie hereinfallen und von ihrem ursprünglichen Ziel abgelenkt werden können, sei ihnen für die nächste Verhandlung die „Odysseus-Strategie" mit folgenden Fragen ans Herz gelegt:

1. Frage: Was ist mein eigentliches Ziel (zum Beispiel mehr Geld)?
Machtkompetente Menschen überprüfen vor dem Beginn der Verhandlung, ob sie von ihrem Ziel (beispielsweise bessere Zinsen für das Sparbuch bei der Hausbank zu bekommen) wirklich überzeugt sind und ob sie dafür alle Sachargumente sowie eventuelle Kampfmaßnahmen (die Bank wechseln) vorbereitet haben. Standfestigkeit ist die Devise.
→ Odysseus will nach Ithaka.

2. *Frage: Verfolge ich auch noch andere Ziele (etwa Gerechtigkeit)?*

Menschen kämpfen öfter als man denkt bei scheinbar sachlichen
Verhandlungen um ganz andere, ideelle oder emotionale Ziele:
Sie wollen anerkannt werden, sie wollen sich rächen, sie wollen
die Gesellschaft verändern, sie wollen ihren Ärger loswerden. Etwas davon kann immer mit im Spiel sein. Es ist von großem Vorteil, ehrlich mit sich selbst zu sein und sich Rechenschaft über die
verdeckten Ziele zu geben. Oft hilft es, gute Freunde darüber zu
befragen. Sie kennen einen oft besser als man sich selbst.

→ Odysseus gesteht sich ein, dass er die Sirenengesänge hören
    möchte.

3. *Frage: Wie wichtig sind mir die verdeckten Ziele in dieser konkreten Verhandlungssituation und sind sie auch umsetzbar?*

Bei dieser Selbstreflexion werden Gutmenschen erkennen, dass
ihre anderen Wünsche zwar wichtig, jedoch in den meisten Fällen
für diese Situation irrelevant und außerdem von ihrem Gegenüber
nicht zu erfüllen sind. Dann kommt der schmerzliche Teil der Einsicht: Es ist einfach nicht sinnvoll, die idealistischen und persönlichen Ziele in dieser Verhandlung unterzubringen! Gutmenschen
sollten als Nächstes ihren Wunsch nach einem höheren Gehalt
oder besseren Zinsen bestärken und die persönlichen und gesellschaftlichen Entwicklungsprojekte in eine andere Umgebung verlagern – in die politische Arbeit, in die ehrenamtliche Tätigkeit,
zu den Freunden, zum Therapeuten oder Coach. Dieses zweite
Ziel muss (und soll) man nicht ganz unterdrücken, aber man darf
ihm nicht zu viel Einfluss zugestehen, wenn man mit der Forderung nach besseren Konditionen erfolgreich sein möchte. Man
kann die Erreichung des ersten Ziels als sportliche Herausforderung betrachten: Jetzt will ich einfach nur mehr Geld, sonst
nichts! Damit schützen sich Gutmenschen gegen Verlockungen
und Tricks ihres Verhandlungspartners.

→ Odysseus setzt Prioritäten bei seinen Zielen.

4. Frage: Mit welchen Gegenangeboten muss ich rechnen?

Oft werden Dinge angeboten, die die Firma nichts kosten wie Lob, Titel ohne Mittel oder auch Arbeitsbehelfe, die dem Mitarbeiter ohnedies schon lange zustehen (Notebook, Mobiltelefon etc.). Gutmenschen sollten diese Angebote nach ihrem realen Nutzen in Bezug zu ihrem Ziel „mehr Geld für mich" beurteilen. Wenn sie das erreichen wollen, dann dürfen sie sich von der Verhandlungstechnik ihres Chefs nicht auf ein anderes Terrain drängen lassen. Es geht in diesem Fall nicht um menschliche Anerkennung oder Arbeitserleichterung, sondern um mehr Gehalt.

→ Odysseus lässt sich am Mast festbinden, damit er nicht der Versuchung erliegen kann, sein Ziel während der Fahrt zu ändern.

5. Frage: Welche Angebote könnte ich auf dem Wege des Kompromisses doch noch annehmen?

Da es aber bei einer Verhandlung nicht angeht, einfach nur stur bei der maximalen Forderung zu bleiben, sollten Gutmenschen bereits im Vorfeld überlegen, welche Angebote sie akzeptieren und worauf sie verzichten würden – ob sie etwa mit einer Prämie oder zusätzlichen Urlaubstagen zufrieden wären. Sie sollten jedoch dem Chef klarmachen, dass sie nur für dieses Jahr einen Kompromiss eingehen und dass die Forderung nach der Gehaltserhöhung damit nicht für immer vom Tisch ist.

→ Odysseus verzichtet für den Hörgenuss auf die Bewegungsfreiheit, indem er sich festbinden lässt.

Selbstverständlich können Gutmenschen die Win-Win-Strategie auch selbst als Machtstrategie einsetzen. Abhängig vom jeweiligen Ziel und dem Wertekanon des Gegners bereitet man ideelle Ziele vor, die für ihn attraktiv sein könnten. Während der Verhandlung lenkt man die Aufmerksamkeit des Gegenübers unbemerkt auf eines dieser ideellen Ziele und stellt ihm deren Erfüllung in Aussicht: also Anerkennung, Gemeinschaft, Gerechtigkeit, Freiheit. Während er sich darauf zu konzentrieren beginnt, setzt man unter dem Hinweis auf eine Win-Win-Situation rasch seine eigenen materiellen Ziele durch. Damit der Eindruck des beiderseitigen Gewinns überzeugend entstehen kann, muss er in einer wohlwollenden und warmherzigen Atmosphäre abgewickelt werden. Die Werte können natürlich auch umgekehrt ausgetauscht werden: Während der eine noch die Cent-Beträge zusammenzählt, hat sich der andere schon große Freiheiten ausverhandelt.

Gutmenschen müssen im Vorfeld mit sich abklären, wie sie es mit ihrem Gewissen vereinbaren können, bei diesem Verhandlungspartner einen solchen Trick anzuwenden. Sie sollten sich bewusst machen, welche Konsequenzen das für die Weiterführung dieser Beziehung hat und ob sie damit umgehen können. Bei der mentalen Vorbereitung helfen folgende Vorsätze:

- Ich weiß, was ich will und verfolge mein ursprüngliches Ziel mit Nachdruck.
- Ich lasse mich selbst durch Verlockungen und Täuschungen nicht davon abbringen, habe aber Kompromissvorschläge vorbereitet.
- Ich reagiere nicht moralisch, sondern nehme die Sache sportlich.
- In Leistungsbeziehungen der *schönen neuen Welt* geht es um den eigenen Nutzen.
- Wenn ich mich mit friedlichen Mitteln nicht durchsetze, bin ich auch bereit zu kämpfen.
- Bedingungsloses Vertrauen und Gemeinsamkeit lebe ich in Herz-Beziehungen.

Gefahren für Herz-Beziehungen

Es gibt Geschäftsbeziehungen, die auf Vertrauen und Kontinuität aufbauen, also viele Anteile an Herz-Beziehungen beinhalten. Diese werden durch den Einsatz der Win-Win-Strategie als Täuschungsmanöver verunsichert und belastet. Sie lassen sich aber durch aktive Versöhnungsstrategien relativ leicht wieder einrenken, weil im Berufsleben auch die Selbstverantwortung der Partner gefordert ist.

Schwerer wiegt ein solch taktisches Verhalten in privaten Herz-Beziehungen, bei Liebe und Freundschaft. Da bedarf es schon guter Argumente, um das Vertrauen wieder zu gewinnen. Soll die Beziehung halten, muss man in Zukunft solche Tricks unterlassen und mit offenen Karten spielen. Andererseits ist aber in lebendigen Herz-Beziehungen die Chance, dass echte Win-Win-Situationen gefunden werden können, wesentlich höher als in reinen Leistungs-Beziehungen. Man kann mit einer größeren Bereitschaft zur Beendigung des Konflikts rechnen und sich ernsthaft auf die Suche nach gemeinsamen Zielen machen.

3. Von oben herab oder auf Augenhöhe?

Hierarchien sind in Verruf geraten. Man will sie zurzeit – wenn überhaupt – am liebsten nur „flach" sehen und begegnet ihnen grundsätzlich mit Misstrauen. Und das ist denn doch verwunderlich. Es lässt sich noch nachvollziehen, dass Gutmenschen-Organisationen Probleme mit hierarchischen Strukturen haben. Aber selbst Konzerne, die schon aufgrund ihrer Größe gar nicht anders können, als sich hierarchisch zu strukturieren, vermeiden diesen Begriff. Sie stellen zwar ihre Organisation in Organigrammen dar und sprechen von Berichtswegen und Linienorganisation. Das Wort Hierarchie wird man jedoch in ihren Unternehmensleitbildern vergeblich suchen. Das ist insofern bemerkenswert, als doch die Unternehmen der *schönen neuen Welt* aufgrund ihrer Weltanschauung mit der Tatsache von Über- und Unterordnung eher vertraut sein sollten. In den letzten zwanzig Jahren wurden unzählige neue Managementmethoden entwickelt und als Alternativen zur hierarchischen Organisationsform eingeführt wie beispielsweise Matrixorganisation oder Projektmanagement. Hierarchien sollten überwunden werden, weil sie die Effizienz verhindern, die Organisation schwerfällig machen und die MitarbeiterInnen demotivieren.

Dementsprechend werden die Fachbegriffe der Hierarchie verschleiert. *Stab* und *Linie* werden durch Netzwerkstrukturen ersetzt, *Rapport* und *Bericht* in der allgemeinen Unternehmens-kommunikation aufgelöst. Ebenso die in vielen Unternehmen übliche „Politik der offenen Türen", wo jeder unangemeldet beim Chef eintreten und seine Anliegen vorbringen kann, sowie das verpflichtende Du-Wort sollen dazu beitragen, den Mitarbeitern ein Gefühl von Partnerschaftlichkeit und Mitbestimmung zu vermitteln. Demonstrationen von Autorität und Positionsmacht (... weil ich der Chef bin!) erscheinen heute nicht mehr zeitgemäß. Auch Mitarbeiter geben sich selbstbewusst: Sie kommunizieren mit dem Boss auf Augenhöhe – zumindest glauben sie das solange, bis sie die Kündigung bekommen. Dann ist wieder klar, wer oben und wer unten steht.

Die Illusion: Hierarchien haben ausgedient

Der Ruf nach flachen Hierarchien und partnerschaftlichem Führungsstil verbindet auf wundersame Weise die *gute alte Welt* mit der *schönen neuen Welt* – wenigstens hier scheinen keine Gräben zwischen den Ideologien zu bestehen. Die hierarchiefeindliche Stimmung in Wirtschaft und Gesellschaft kommt dem Weltbild der Gutmenschen besonders entgegen, waren sie es doch, die gegen Autoritäten und hierarchische Strukturen gekämpft und die Basis gestärkt haben. Umso mehr betrachten sie deren Ablehnung als eine Selbstverständlichkeit und als Beweis ihres Erfolges. Sie sehen sich damit im Recht, weil aus ihrer Sicht Hierarchien der Menschenwürde und dem Gleichheitsprinzip entgegenstehen und der Einzelne kaum Verantwortung übernehmen muss. Prozesse werden unendlich verlangsamt, die Führungsebene trifft abgehobene Entscheidungen und an der Spitze zählt nicht mehr die Sache, sondern nur noch der Machterhalt. Hierarchische Strukturen fördern den Größenwahn der Oberen und machen die Untergebenen zu willenlosen Befehlsempfängern.

Gutmenschen erscheint alles, was „von oben kommt", zutiefst verdächtig. Sie sind im Grunde davon überzeugt, dass nur Menschen, die ganz unten mit der operativen Arbeit beschäftigt sind, wirklich beurteilen können, welche Ziele die gesamte Organisation verfolgen sollte und welche Maßnahmen sinnvoll wären. Nur sie seien mit der Sache, dem Produkt, den Mitgliedern, den Wählern, den Kunden persönlich im Kontakt. Daher müssten die Mitarbeiter an der Basis in alle Entscheidungen eingebunden werden, ja sie sollen sie auch selbst treffen.

Doch selbst in Gutmenschen-Organisationen gibt es Spitzenpositionen. Es ist für Gutmenschen äußerst irritierend, dass es immer noch ein Oben gibt, obwohl das Rotationsprinzip und die begrenzten Funktionsperioden doch schon längst erfunden sind. Aber Gutmenschen-MitarbeiterInnen wissen durchaus, wie die Macht derer, die die Chefposten bekleiden, einzuschränken ist: Sie nehmen sie nicht ernst, leisten zähen Widerstand und untergraben ihre Funktion. Strategien diskutieren sie zuerst an der Basis und machen dann Druck nach oben. Und weil die Oberen meist ohnehin nicht fest im Sattel sitzen, setzen sie sich auch immer wieder durch.

Die Begeisterung der Gutmenschen darüber, dass selbst die *schöne neue* Welt den Hierarchien ihre Bedeutung abspricht, ist groß. Offensichtlich wird ja selbst in den Unternehmen und Institutionen der Geld-Menschen die offene Kommunikation ohne Dienstweg gefördert. Sogar bei ihren Führungskräften zählen nicht mehr die Positionen, sondern Charisma und Persönlichkeit. Gutmenschen meinen, hinsichtlich der Hierarchie einen großen ideologischen Sieg errungen und sogar einen wesentlichen Bereich ihrer Ideale in die *schöne neue* Welt hinübergerettet zu haben.

Besonders die Machtamateure unter den Gutmenschen vertreten den Anspruch, Organisationen und Unternehmen hierarchiefrei zu gestalten, weil damit die Effizienz gesteigert und die Menschenwürde gefördert werde. Sie sind der festen Überzeugung, es weise alles darauf hin, dass sie diesem Ziel schon sehr nahe wären. Sie selbst hätten schon genug Lehrgeld bezahlt und könnten nun akzeptieren, dass die straffen Hierarchien des realen Sozialismus ein Irrweg waren.

Oft führen sie ihren Kampf gegen Autorität und Hierarchie an jedem Ort und zu jeder Zeit. Solange sie damit genügend ausgelastet sind, werden sie auch selten von Zweifeln befallen. Erst wenn ein Gutmensch selbst Karriere machen möchte und immer wieder scheitert oder wenn eine Gutmenschen-Organisation ihre politischen Ziele nicht mehr umsetzen kann, beginnen sie vielleicht nach tiefer liegenden Ursachen zu fragen.

Wie die Illusion genährt wird

Gutmenschen haben in ihren psychologisch gefärbten Ausbildungen und politischen Grundschulungen gelernt, dass Gruppenentscheidungen besser sind als jene von einsamen Führern, dass ein Team effizienter arbeitet als der Einzelne, dass demokratische Entscheidungen auch in Organisationen zu tragfähigeren Ergebnissen führen, als wenn sie von oben getroffen werden. Das gesamte Denken der Gutmenschen ist von „unten nach oben" gepolt. Es weisen sowohl die christlichen Wurzeln der Gutmenschen auf die Umkehrung von Machtverhältnissen hin – „Eher geht ein Kamel durch ein Nadelöhr, als dass ein Reicher in den Himmel käme" – als auch ihre sozialistischen Vorväter mit der Forderung nach der Diktatur des Proletariats. Zudem können Gutmenschen selbst in ihrer Geschichte auf eine lange Reihe von Erfolgen blicken, denn die Machtquellen Wissen und Mehrheit gehören zu den wichtigsten Ressourcen der formal Machtlosen. Bestehende Gesellschaftsordnungen, etablierte Regierungen, Machtstrukturen aller Art können von unten über die Aktivierung von Mehrheiten an der Basis gestürzt werden. Den Zugang zu Wissen und Bildung, der früher nur den höheren Schichten vorbehalten war, für alle erkämpft zu haben, hat für Gutmenschen eine historische

Bedeutung. Es bleibt bei ihnen ein ideologischer Vorbehalt gegen hierarchische Strukturen bestehen, obwohl diese natürlich auch in Gutmenschen-Organisationen existieren.

Die Hierarchie als Organisationsform wird freilich nicht nur von Gutmenschen, sondern vom Zeitgeist der *schönen neuen Welt* ganz allgemein abgelehnt. So ist das Wissen über ihre Mechanismen und ihren Nutzen weitgehend aus dem Allgemeinbewusstsein verschwunden. Weder in Schulen und Universitäten noch in der betrieblichen Bildung oder in Managementlehrgängen wird die Funktionsweise von Hierarchien vermittelt. Hierarchie-Kompetenz ist so selten zu finden, dass der Vergleich mit einer Geheimwissenschaft durchaus zulässig wäre. Vorbilder für gut geführte Hierarchien muss man mit der Lupe suchen.

Die Realität in der *schönen neuen Welt*: Oben bleibt oben

Einer der wenigen Orte, an denen das „Geheimwissen" über die Funktion von Hierarchien bewahrt wurde, ist das Militär. Die Ausbildung für Offiziere auf dem Weg zur Führungsverantwortung dauert vier! Jahre und sie wird nicht von Modeerscheinungen torpediert, wie das im Management-Training in Politik und Wirtschaft der Fall ist. Geld-Menschen haben dieses Defizit erkannt, sie sind drauf und dran, ihre Wissenslücken in strategischer Führung und hierarchischem Verständnis zu schließen.

Daher hat sich in der *schönen neuen Welt* ein Trend entwickelt, über den nicht viel gesprochen wird: Für das obere Management werden zunehmend Ausbildungsoffiziere des Militärs und der Polizei als Seminarleiter herangezogen. Man erwartet von ihnen, dass sie über die notwendigen Qualifikationen im Umgang mit Hierarchien verfügen. Außerdem bevorzugen nicht wenige Top-Manager anstelle eines Persönlichkeits-Coach einen Berater mit militärischem Hintergrund. In der Praxis der meisten

Betriebe geht es längst nicht mehr um partnerschaftliche Kommunikation, sondern um beinharte Durchsetzungsstrategien. Das bedeutet jedoch nicht, dass es plötzlich in der *schönen neuen Welt* ein offenes Bekenntnis zur Hierarchie gäbe. Es wird vielmehr eine Doppelstrategie gefahren: Partizipation reden und Überordnung leben. Während die Top-Ebene sich im Geheimen mit militärischen Techniken vertraut macht, werden für die Mitarbeiter-Ebene weiterhin Vortragende aus den Sozialwissenschaften eingesetzt. Damit soll die Illusion der Partnerschaftlichkeit aufrechterhalten und die Motivation der Gutmenschen-Mitarbeiter gefördert werden.

Gutmenschen sind in dieser Beziehung doppelt im Nachteil. Aus ideologischen Gründen wollen sie natürlich nicht vom Militär lernen. Und weil sie noch nicht einmal ein Bewusstsein über ihren Mangel an Hierarchie-Kompetenz entwickelt haben, wurde noch keine „politisch korrekte" Schulung dafür entwickelt. Sie können ferner nicht von Erfahrungen aus der Praxis profitieren, weil viele Gutmenschen standhaft die Chancen verweigern, Hierarchien als Machtinstrument zu nutzen. Zudem wird ja die neue positive Einstellung der Geld-Menschen zu Hierarchien nicht öffentlich gemacht. Weil ihre Spielregeln weiterhin für Gutmenschen geheim bleiben, vergrößert sich der Niveauunterschied im Wissen über strategische Führung zwischen ihnen und den Geld-Menschen immer mehr.

Hierarchien, wohin man blickt

Mancher Gutmensch wird an dieser Stelle vielleicht meinen, das Hierarchie-Thema wäre nicht von so großer Bedeutung, um so viel Aufmerksamkeit zu rechtfertigen. Doch das ist eine grobe Verkennung der Realität. Betrachtet man die unterschiedlichsten Organisationsstrukturen aus der Distanz, so kann man nicht umhin, sie nahezu alle als hierarchisch identifizieren zu müssen, auch wenn sie nicht als solches bezeichnet oder fantasievolle Umschreibungen dafür verwendet werden.

Tatsache ist, dass die Arbeit in Unternehmen und Institutionen unter den MitarbeiterInnen aufgeteilt und durch übergeordnete Verantwortungsebenen geplant und kontrolliert wird. Über diesen Umstand können weder eine Matrixorganisation noch eine Projektgruppe hinwegtäuschen. Diese sind zeitlich oder thematisch begrenzt und ersetzen keineswegs die dahinterliegende klassische Hierarchie. Nach wie vor werden die strategischen Entscheidungen im Vorstand getroffen, hat der Personalchef oder der Abteilungsleiter das Sagen über das berufliche Fortkommen der MitarbeiterInnen. Er entscheidet über deren Einstellung, die Vorrückung oder den Verbleib in der Firma. Selbst der Betriebsrat, der diese Macht kontrollieren sollte, ist nicht in der Lage, wesentlich einzugreifen. Von Mitbestimmung kann keine Rede sein, die Entscheidungen laufen von oben nach unten. Im Unterschied zu militärnahen Hierarchieformen handelt es sich dabei nur nicht um „Befehle", sondern um Zielvereinbarungen und im Extremfall um Weisungen.

Doch obwohl hierarchische Strukturen in Institutionen und Konzernen so offensichtlich sind, werden sie fast überall verschleiert. Man signalisiert wesentlich mehr Mitbestimmung, als tatsächlich gelebt wird. Die MitarbeiterInnen sollen motiviert und abgelenkt werden, damit die Führung im Hintergrund die tatsächlichen Vorhaben ungestört durchziehen kann. Dieses Prinzip herrscht zurzeit nicht nur in Geld-Menschen-Organisationen. Vielfach beklagt, macht es sich selbst in den angestammten Bereichen der Gutmenschen-Organisationen breit, wie Beispiele der spärlichen Kommunikation mit der Basis in der Gewerkschaft, bei den Sozialdemokraten und den Grünen zeigen.

Die Versuche, Gutmenschen-Organisationen basisdemokratisch zu gestalten – wie zum Beispiel in Bürgerinitiativen und Foren oder auch in grünen oder linken Parteien –, sind bisher an der Tatsache gescheitert, dass Hierarchiebildungen nicht zu vermeiden sind. Nach anfänglicher Begeisterung durchlaufen jene Personen, die Führungsfunktionen bekleiden, in der Phase der Institutionalisierung einen für sie schmerzlichen Umdenkprozess in Richtung Hierarchie. Sie finden jedoch selten einen Weg, diese Erkenntnis ihrer Basis zu vermitteln. Als Folge davon bilden sich für die Beteiligten sehr anstrengende Kommunikationsmuster heraus: Für die Basis muss weiterhin der Glaube an die sinnstiftende Ideologie der Gleichheit aufrechterhalten werden. Sie muss sich auch immer wieder bei Entscheidungsprozessen durchsetzen, um den Betroffenen das Gefühl zu vermitteln, noch von Bedeutung zu sein. Die Führung hingegen muss ihre für die Organisation überlebensnotwendigen Kämpfe im Geheimen austragen und darf nach außen keine Machtgelüste zeigen.

Auch in Geld-Menschen-Organisationen wird ein großer Aufwand betrieben, um die Tatsache der hierarchischen Strukturen zu verschleiern. Diese scheinbare Hierarchie-Abstinenz sollte man jedoch genau analysieren. Auf der einen Seite sollen MitarbeiterInnen durch die Vorstellung von Selbstbestimmung zu Höchstleistungen motiviert werden und das Zugeständnis an die Gutmenschen-Ideale erfüllt dafür den Zweck der Tarnung. Solange MitarbeiterInnen nicht nahe genug an der Führungsebene dran sind, lässt man sie an den Richtlinien für das Unternehmensleitbild arbeiten und sich von den Bildungsabteilungen die neuesten Kommunikationsmodelle anbieten. Auf der anderen Seite bewirbt man sich zur Imagebildung um Preise für Wirtschaftsethik und soziale Verantwortung (CSR). Die wesentlichen Entscheidungen fallen ohnedies an anderer Stelle und zu anderen Zeiten, als Machtamateure glauben. An diesem System ändert sich selbst dann nichts, wenn die Absicht bemerkt wird und die Stimmung sich dramatisch verschlechtert. Die Taktik scheint immer noch mehr Erfolg zu bringen als der Verzicht auf hierarchische Strukturen.

Verminderte Leistung und negative Stimmung in Großorganisationen werden meist nicht durch ein strategisch geplantes Verhalten der Führungsebene hervorgerufen. Das Problem kann schlicht und einfach an der schieren Inkompetenz der Entscheidungsträger liegen. Ihre Unfähigkeit bezieht sich nicht auf Sachfragen, wie Gutmenschen das oft glauben, sondern darauf, dass man Hierarchien angemessen und effizient gestaltet. Man hat in der zivilen Welt heute den Anspruch, das „bisschen Führungsaufgabe" als Naturtalent zu bewältigen. Jeder meint, nach einigen Wochenendseminaren oder einer firmeninternen Kurzausbildung bereits fit für das Management zu sein. Aus diesen Gründen zeigt sich nicht nur bei den meisten Gutmenschen, sondern auch bei vielen Geld-Menschen ein Defizit im erfolgreichen Umgang mit Hierarchien.

Nachdem die Schulungsangebote zu diesem Thema rar sind, folgt hier eine kurze Einführung in die Funktionsweise von Hierarchien, um die anschließenden Machtstrategien besser verstehen zu können.

Wie Hierarchien funktionieren

Der Begriff Hierarchie kommt aus dem Griechischen und setzt sich zusammen aus „hieré" in der Bedeutung von heilig und „arché" im Sinne von Herrschaft, Ordnung, der Erste. Er beschreibt ein System von Elementen, die einander in funktionaler Weise über- und untergeordnet sind. In der Linienorganisation eines Unternehmens, einer Behörde, im Militärwesen oder in der Kirche legt die hierarchische Struktur genau fest, welcher Vorgesetzte einem nachgeordneten Abteilungsleiter Weisungen erteilen kann und wofür er verantwortlich ist. In formellen Hierarchien werden Dienstgrade oder Funktionen durch Titel oder Abzeichen für alle sichtbar gemacht.

Auch vermeintlich egalitäre oder basisdemokratische Organisationsformen wie Netzwerke können sich ohne Hierarchien nicht weiterentwickeln. Ab einer gewissen Größe lösen sie sich auf oder müssen sich strukturieren. In Experimenten der Gruppendynamik konnte nachgewiesen werden, dass unstrukturierte Gruppen sehr rasch informelle Hierarchien ausbilden. Dann gibt der Lauteste oder der rhetorisch Gewandteste den Ton an und wird zum Anführer. In den antiautoritären Kinderläden der 1970er Jahre wurden entgegen aller Erwartungen die informellen Rangordnungen durch das Gesetz des Stärkeren etabliert. Das Fehlen von pädagogischen Einflüssen führte nicht zu mehr Gleichheit, sondern zu mehr Rangkämpfen, besonders unter den Jungen. Analog dazu kann man beobachten, dass in Organisationen mit wenig formellen Strukturen erbitterte Machtkämpfe auf der persönlichen Ebene ausgetragen werden. Sind die Befugnisse nicht festgelegt und verteilt, werden ständig Kämpfe ausgetragen und damit Energien verbraucht, die dadurch für den Arbeitsprozess verloren gehen.

Versuche, die vor allem in der *guten alten Welt* von Gutmenschen unternommen wurden, soziale Systeme ohne hierarchische Strukturen zu errichten, sind als gescheitert zu betrachten. Sie mögen in der Gründungsphase sinnvoll und vielversprechend sein, aber spätestens, wenn es um die Durchsetzung von Zielen geht, fehlt einer unstrukturierten Gruppe dann doch die Schlagkraft. Alternativen wie das Rotationsprinzip werden zugunsten von Erfahrung aufgegeben und limitierte Amtsperioden immer wieder durch Ausnahmen verlängert. Doppel- oder Teamführungen ohne Aufgabenteilung leiden an endlosen Abgrenzungsprozessen. Selbst historische Modelle wie die auf einige Monate begrenzte „Diktatur", die in Krisenzeiten die Handlungseffizienz vergrößern sollte, führten dazu, dass der Diktator auf Lebenszeit bestellt wurde, wie beispielsweise Julius Cäsar im antiken Rom oder Napoleon Bonaparte in der Neuzeit. Es scheint also in sozialen Systemen eine starke Dynamik zu geben, welche die im Laufe der Geschichte wiederholt auftauchenden Ideale von Gleichheit torpediert. Diese Spannung erinnert an den Spruch: „Der Geist ist willig, aber das Fleisch ist schwach". Es gibt offensichtlich Mechanismen, die der Lebenserhaltung einer Organisation besser dienen als das Prinzip der Gleichheit. Unabhängig von der herrschenden Ideologie scheinen sich diese immer wieder durchzusetzen.

Die natürliche Hierarchie

Im populären Sprachgebrauch wird jede Über- und Unterordnung von Elementen als hierarchisch bezeichnet. Wir definieren jedoch ein ungleiches Machtverhältnis zwischen Personen außerhalb einer Organisation als „Machtgefälle" und zwischen Funktionen innerhalb einer Struktur als Hierarchie. Darüber hinaus findet man Unterteilungen in formelle – das heißt öffentlich errichtete – und informelle – im Geheimen gewachsene – Hierarchien. Für die Orientierung des Individuums in einer Hierarchie sind jedoch noch andere Kriterien wichtig. Spielregeln und Machtmechanismen wirken unterschiedlich, je nach dem, in welcher Art von hierarchischem System sie eingesetzt werden. Wir verwenden für diese zwei Hierarchie-Typen neue Begriffe: die *natürliche Hierarchie* und die *konstruierte Hierarchie*.

Zum Typ der natürlichen Hierarchie zählen soziale Strukturen mit einer von vornherein durch die Bedingungen gegebenen Ordnung: *Familiensysteme* und *Kompetenzsysteme*.

Das Familiensystem

Das hierarchische Ordnungsprinzip bei Familiensystemen wird einerseits durch die Zeit bestimmt, wie zum Beispiel Generationen- oder Geschwisterfolge, und andererseits durch den Grad der Verwandtschaft – direkt und indirekt, blutsverwandt oder angeheiratet, nahe oder weitschichtig. Familiensysteme sind abhängig von kulturellen Prägungen, durch die sich das Verhältnis der Mitglieder zueinander unterschiedlich gewichtet und gestaltet. Während eine Kultur die ältere Generation sehr verehrt, sind es in einer anderen eher die Erwerbstatigen und in wieder anderen die Kinder. Es gibt Varianten von Großfamilien und Clans bis zu Kleinfamilien und Alleinerzieherinnen.

Unabhängig von Unterschieden in der Form des Zusammenlebens herrscht in Familiensystemen immer ein Machtgefälle. Es haben in jedem Fall Eltern oder Erwachsene physische, emotionale, rechtliche und wirtschaftliche Macht über Kinder. Und obwohl auch Kinder über Rechte und emotionalen Einfluss verfügen, ist das Gefälle dennoch eindeutig vorgegeben. Die spezifischen Ausprägungen der Hierarchie von Familiensystemen drücken sich in den Ritualen der jeweiligen Gesellschaft aus: wer an der Tafel neben wem sitzen darf, in welcher Reihenfolge die Verwandten im Hochzeits- oder Trauerzug gehen sollen, wer wen in welcher Weise grüßen muss. Höflichkeitsrituale geben Auskunft über das dahinterliegende Ordnungssystem. Selbst im Erbrecht, in der Reihenfolge, in denen Verwandte Anspruch auf den Besitz des Erblassers haben, wird die jeweils geltende Hierarchie sichtbar.

Nach der Auflehnung der 1968er-Generation gegen Familienstrukturen und damit verbundene Rituale wurde jahrzehntelang auch in der Pädagogik jeder Art von Autorität Misstrauen entgegengebracht. Eltern wurden zu Freunden der Kinder. Das Machtgefälle wurde verschleiert. Das Wissen um die Bedeutung der Hierarchie in Familien geriet in Vergessenheit. Daher erregte in den 1980er Jahren die Methode der systemischen Familientherapie, und hier speziell der Begründer der sogenannten „Familienaufstellungen", Bert Hellinger, viel Aufsehen. Er rückte die hierarchische Ordnung von Verwandtschaftsbeziehungen wieder in den Mittelpunkt der Aufmerksamkeit. Werden Störungen der natürlichen Hierarchie symbolisch in Ordnung gebracht, kann Heilung stattfinden.

Familiensysteme weisen unabhängig von ihren kulturellen Ausformungen ein wesentliches Kriterium auf: Die Positionen ihrer Mitglieder können nicht verändert werden. Ein Kind bleibt immer ein Kind, ein Bruder bleibt ein Bruder, eine Mutter bleibt immer eine Mutter. Egal wie alt, gescheit oder reich jemand wird, seine Position in der natürlichen Hierarchie bleibt immer dieselbe. Ein Mitglied kann weitere Positionen dazubekommen, ein Vater kann auch noch Großvater oder Onkel sein, aber er kann nicht durch einen anderen von dieser Position verdrängt werden.

Obwohl den einzelnen Positionen in der Hierarchie unterschiedlich viel Macht eingeräumt wird – die Großmutter kann beispielsweise aus Krankheitsgründen entmündigt werden –, bleibt sie dennoch immer die Großmutter und wird nicht von einem Enkelkind abgelöst. Vielmehr muss die junge Generation ihr eigenes Familiensystem mit eigenen Positionen gründen. Es gibt daher in einem Familiensystem auch keinen Wettkampf um die Spitzenpositionen. Die sehr wohl vorhandenen Streitigkeiten, Neid und Eifersucht drehen sich um andere, persönliche Dinge: um Liebe, Anerkennung und Respekt. Diese fallen jedoch in den Bereich der Herz-Beziehungen und haben nichts mit Hierarchie-Ebenen zu tun. Die Verteilung von Besitz und Geld, von materiellen Vorteilen ist entweder durch das Gesetz (Ehe, Erbschaft, Fürsorgepflicht) geregelt oder der Kampf darum muss auch auf der persönlichen Ebene ausgetragen werden. Das bedeutet, dass vielleicht der Lieblingssohn mehr Taschengeld bekommt als der andere. Selbst Vormachtstellungen sind durch Kultur und Gesetz geregelt (Hofübergabe) und Verstöße gegen die Reihenfolge führen zu schweren, oft Generationen andauernden Konflikten.

Zusammenfassend kann man sagen, dass in einem Familiensystem die Positionen durch Geburt und Heirat von vornherein festgelegt sind. Es ist nicht möglich, aufgrund von Leistung oder Konkurrenzkampf in eine andere Funktion „aufzusteigen".

Das Kompetenzsystem

Zu diesem zweiten Typ der *natürlichen Hierarchie* gehören jene Bereiche, die im weitesten Sinn mit Lernen und Lehren zu tun haben, also Beziehungen zwischen Schüler-Lehrer oder Student-Assistent-Professor. Man findet Kompetenzsysteme auch in den Handwerkstraditionen bei der Relation von Lehrling-Geselle-Meister oder im Gesundheitswesen bei jener von Turnusarzt-Arzt-Oberarzt-Primarius wieder. Jede Art von Wissens- oder Erfahrungsvorsprung bewirkt ein Machtgefälle gegenüber denjenigen, die auf demselben Gebiet Kompetenzen erwerben wollen. Der in der Psychologie verwendete Begriff der natürlichen Autorität beschreibt diese Beziehung: Menschen, die mehr wissen und können, befinden sich schon allein dadurch auf einer höheren Hierarchie-Ebene.

In Kompetenzsystemen sind die Positionen nicht ganz so stark festgelegt wie im Familiensystem, aber doch auch relativ starr. Ein Lehrer kann nicht auf die Ebene seiner Schüler degradiert werden. Er kann zwar ein Schülerverhältnis annehmen, indem er selbst bei einem kompetenteren Lehrer lernt, er kann jedoch nicht in seinem eigenen Gebiet abgestuft werden. Es ist bei Handwerksbetrieben für den Gesellen nahezu unmöglich, seinen Meister zu überholen, denn selbst wenn er auf bestimmten Gebieten besser sein sollte, fehlt ihm immer noch die Erfahrung. Ein Meister kann nicht von seinem Lehrling entmachtet werden, dieser kann höchstens den Betrieb einmal übernehmen, wenn er ausgelernt hat und sich der Meister aus Altersgründen zurückzieht.

Um in Kompetenzsystemen keine unnötigen Spannungen aufkommen zu lassen, muss traditionell der Jüngere auf Wanderschaft gehen, auf „die Walz". Der Geselle muss in die Welt hinaus und andere Betriebe kennenlernen, der Assistent muss seinen Doktorvater verlassen und sich in anderen Universitäten bewähren. Wenn WissenschaftlerInnen oder Ärzte sich spezialisieren, dann tun sie das meist nicht genau auf demselben Gebiet wie ihre Lehrer oder sie begründen eine neue Schule, in der sie dann die erste Position einnehmen können. Wie gut jemand im Kompetenzsystem auch wird, es bleibt ein dauerhaftes Respekts- und Dankbarkeitsverhältnis den Lehrern gegenüber bestehen.

Wir fassen zusammen: In Kompetenzsystemen entsteht das Machtgefälle durch Wissen und Können auf einem bestimmten Gebiet. Der Schüler kann seinen Lehrer in derselben Disziplin kaum jemals überholen.

Die konstruierte Hierarchie

In der Fachliteratur wird die Jagd zur Zeit der Stammesgesellschaften als Wiege der Hierarchie bezeichnet. Doch diese ist nach unserer Sichtweise eher eine natürliche Hierarchie mit einem Kompetenzsystem. Der schnellere Läufer, der bessere Schütze, der stärkere Träger teilen ihre Arbeit nach dem Kriterium der Kompetenz auf. Der Jäger mit der größten Erfahrung wird der Anführer. Diese Aufteilung bleibt bestehen, bis der Anführer zu alt oder der Läufer verletzt ist. Es besteht kein Karriereplan.

Die konstruierte Hierarchie zeichnet sich dadurch aus, dass sie aus Funktionen und Positionen besteht, die definiert und anonymisiert sind. Der Mensch muss relativ rasch austauschbar sein, ohne dass der laufende Betrieb darunter leidet. Je weniger individuelle Ansprüche die Mitglieder haben und je ernsthafter ihr Dienst an der Organisation ist, umso schlagkräftiger ist diese. Formulierungen wie „in den Dienst der Sache stellen", „seinen Dienst antreten" erinnern an die Notwendigkeit, sich in das größere Ganze einzugliedern. Konstruierte Hierarchien bieten ihren Mitgliedern die Chance, Karriere zu machen. Das heißt, sich sukzessive „hochzuarbeiten", von Ebene zu Ebene. Theoretisch kann es in einer Linienorganisation jede/r an die Spitze schaffen. Die Positionen werden durch Aufstiege und Fluktuation immer wieder frei, sodass jemand nachrücken kann.

Konstruierte Hierarchien traten in der Geschichte der Menschheit erst auf den Plan, als die Aufgaben zu groß und komplex wurden, um sie in einer überschaubaren Gruppe entsprechend der Kompetenz zu organisieren. Eine solche Situation entstand wahrscheinlich erstmals bei kriegerischen Aktivitäten. Dafür mussten bereits zu Zeiten der Stammesgesellschaften Männer aus verschiedenen Dörfern kooperieren, die im Privatleben nichts miteinander zu tun hatten. Die Aufgaben mussten verteilt und Informationen weitergeleitet werden. Der Überblick durfte nicht verloren gehen. Mit der Entstehung der Städte, der wachsenden

Zahl der Klöster und der stehenden Heere – also überall dort, wo sich große Verwaltungseinheiten bildeten – wurde die konstruierte Hierarchie zur Grundvoraussetzung von Organisation. Es entstanden arbeitsteilige Zuständigkeiten, Berichtswege, Befehlsketten und Rangordnungen.

Über Hunderte von Jahren blieb die konstruierte Hierarchie jedoch auf das Militär, die Religionen und die öffentliche Verwaltung beschränkt. Die Wirtschaft war bis zur Entwicklung von internationalen Handels- und Geldgeschäften kleinräumig bäuerlich oder handwerklich nach dem Kompetenzsystem strukturiert. Erst der Zusammenschluss zu Ständen und Interessenvertretungen machte auch dort konstruierte Hierarchien notwendig. Die Blütezeit der konstruierten Hierarchie in der Wirtschaft begann erst mit der industriellen Produktion. In Manufakturen, in Fabriken und Bergwerken wurden andere Strukturen gebraucht, als sie bisher in Familiensystemen oder Kompetenzsystemen üblich waren. In weiterer Folge setzten sich konstruierte Hierarchien in weiten Bereichen der Gesellschaft durch. Industrie, Geldwirtschaft, Verwaltung, Interessenvertretungen, Initiativen, ja jeder Sportverein erhielt eine hierarchische Struktur.

Konstruierte Hierarchien gibt es in zwei Ausprägungen:

Das klassische System

Eine klassische, gepflegte Hierarchie verfügt über ein übersichtlich strukturiertes Organigramm, über klare Zuständigkeiten, Zielvorgaben, Entscheidungsabläufe, Berichtswesen und Schnittstellenmanagement zwischen den Bereichen. Kontroll- und Sanktionssysteme sowie Aufstiegswege und Chancen sind transparent und nachvollziehbar. Jeder weiß, wofür er verantwortlich ist und was ihn erwartet. Die Führungspersonen sind auf längere Zeit bestellt, ihre persönlichen Eigenheiten und fachlichen Qualitäten und Mängel sind allen bekannt und man kann sich darauf einstellen.

Zu den Vorteilen einer klassischen Hierarchie zählt bei gutem Funktionieren, also im Idealfall, die übersichtliche Organisation von Arbeitsteilung, die reibungslose Koordination und die rasche Umsetzung von klar definierten Aufgaben. Aufgrund ihrer weitgehend festgelegten Positionen minimiert sie Konkurrenz und Machtkämpfe. Da die MitarbeiterInnen nicht ständig beweisen müssen, was sie können, werden Spannungen und Überforderung reduziert. Werte wie Vertrauen, Zusammenhalt und Verlässlichkeit binden sie emotional an die Organisation. Innerhalb klarer Rahmenbedingungen können sie ihre Leistung erbringen und im Idealfall auch Karriere machen.

Die Vorteile von klassischen Hierarchien werden heute allerdings eher selten beschrieben, wir wissen viel mehr über die Nachteile. Diese beziehen sich jedoch bei genauer Analyse weniger auf die grundsätzliche Funktionsweise der Hierarchie selbst, sondern zeigen hingegen den Grad ihrer „Verwahrlosung" an. In den meisten Organisationen bekommt man heute die negativen Auswirkungen einer nicht funktionierenden Hierarchie zu sehen. Diese Fehlentwicklung entsteht, wenn Strukturen nicht sachgemäß aufgesetzt und betrieben werden. Da diese eine Tendenz zur Verkrustung haben, müssen sie ständig durch Übung lebendig gehalten werden. Geschieht das nicht, funktioniert eine Hierarchie nicht mehr schnell, sondern wird träge bis zum Stillstand. Im Berichtswesen versickern Informationen auf dem Dienstweg oder es werden informelle Verbindungen für Eigeninteressen genutzt.

Die Vermeidung von klaren Aussagen und Abgrenzungen zugunsten der Illusion von Gleichheit wird zur Norm, sie nimmt oft mehr Ressourcen in Anspruch als die Abwicklung der Arbeitsaufgaben selbst. Auch die Stimmung in der Organisation gerät in eine Negativspirale. Wenn sich Ungerechtigkeit und Unklarheit ausbreiten, nehmen demotivierte MitarbeiterInnen ihre Verantwortung immer weniger wahr. Ihr Widerstand reicht vom Dienst nach Vorschrift bis zur aktiven Schädigung der Organisation durch bewusste Handlungen wie Diebstahl oder Anwendung von

Gewalt. In einer klaren Struktur weiß man, woran man ist und kann zumindest auf den Chef sauer sein. In verwahrlosten Hierarchien ist niemand zuständig, niemand hat Verantwortung. Die MitarbeiterInnen bekommen dann sehr schnell das Gefühl, an allem selbst schuld zu sein oder sie verlieren den Überblick, gehen in die innere Kündigung und resignieren.

Insgesamt sinken in solchen ungepflegten Hierarchien Produktivität und Effizienz rapide. Dieser überwiegend negative Befund über den Zustand von hierarchischen Systemen und die grundsätzliche Ablehnung von Strukturen und Autoritäten in der *guten alten Welt* haben dazu geführt, dass man heute in der Wirtschaft kaum noch gut funktionierende klassische Hierarchien zu sehen bekommt. Seltene Beispiele dafür findet man in modernem Gewand heute im Katastrophenschutz und bei Hilfsorganisationen.

Das globalisierte System

Mit der Ausbreitung des Neoliberalismus verändern sich auch die Spielregeln der klassischen Hierarchie. Aus einem auf eine Organisation begrenzten, stabilen und transparenten System wird ein weltweit agierendes, sich rasch veränderndes und nicht mehr durchschaubares Gebilde: die globalisierte Hierarchie. Oft wird die Ablösung der herrschenden klassischen Hierarchie durch einen Eigentümerwechsel ausgelöst, wenn zum Beispiel ein europäischer Konzern von einem englischen oder US-amerikanischen aufgekauft wird. Noch deutlicher zeigt sich das Phänomen, wenn in traditionellen europäischen Gutmenschen-Organisationen neue Manager die Führung übernehmen. Das sind meist Akademiker, die in Business Schools ausgebildet wurden beziehungsweise in internationalen Konzernen ihre ersten Berufserfahrungen gemacht haben.

In globalisierten Hierarchien verschärft sich das Prinzip der Trennung von Sachkompetenz und strategischer Kompetenz. Die Betroffenen nehmen in ihrem beruflichen Alltag eine deutliche

Veränderung der Gepflogenheiten wahr. Gemäß unserer Tradition haben die meisten Menschen von ihren Vorgesetzten noch immer eine Vorstellung, als wären sie Meister in einem Handwerksbetrieb. Doch plötzlich sehen sie sich in ihrem Betrieb einem Chef gegenüber, der eine fachliche Niete im Nadelstreif ist. Sie konnten bisher zu Recht erwarten, dass man aufgrund seiner Leistung befördert wird und dass der Vorgesetzte fachlich mehr zu bieten hat als seine MitarbeiterInnen. Jetzt muss man immer wieder erleben, dass die oberste Führungsebene „keine Ahnung" hat und fragt sich daraufhin, wie er/sie in diese Position gekommen ist. Meist wird dann kurzerhand Protektion vermutet. Diese ist ja tatsächlich oft im Spiel, doch so einfach kann man die Lage nicht erklären.

Bei der Beurteilung von Top-Managern in der *schönen neuen Welt* wird leicht übersehen, dass diese einem neuen Berufsbild entsprechen müssen. Aufgrund der Komplexität der Arbeitsabläufe und des raschen Verfalls von Wissen ist es heute nicht mehr sinnvoll und mitunter gar nicht mehr möglich, dass Manager fachlich mehr können als ihre Mitarbeiter. Im Extremfall brauchen sie vom Gegenstand des Unternehmens gar nichts mehr zu verstehen. Daher kann auch der Manager eines Autokonzerns nahtlos in die Telekommunikation oder in die Energiewirtschaft wechseln. Je höher oben in der Hierarchie, umso mehr müssen sich Qualifikationen nicht mehr auf den Inhalt, sondern ausschließlich auf die Umsetzungsstrategie beziehen.

Das Bild der Führungskraft wandelte sich vom Meister, der am meisten Sachkompetenz besaß, zum Manager, der den Ruf des Machers genoss und die MitarbeiterInnen an der „Hand führte" (lat. manum agere). Dafür musste er vor allem über Sozialkompetenz verfügen. Heute versteht man unter einem Boss jemanden, von dem man nicht so genau weiß, was zu seinen Aufgaben zählt. In der Fachliteratur wird er manchmal als „Facilitator" bezeichnet. Diese neue Top-Führungskraft schafft die Leistungsvoraussetzungen, in denen MitarbeiterInnen durch eigene Initiative und selbstständig ihre Arbeit organisieren sollen. Für die fachlichen Fragen hat er seine nachgeordnete Ebene, Experten oder Berater. Er/Sie definiert – meist nicht allein, sondern in seinem Board oder Vorstandsgremium – die Rahmenbedingungen und die strategische Ausrichtung, hat Kontakte zu Entscheidungsträgern, betreibt Lobbying und Öffentlichkeitsarbeit. Darüber hinaus muss er das Unternehmen auf den unruhigen Märkten vor unfreundlichen Übernahmen bewahren und auch selbst in der Lage sein, die Konkurrenz auszuschalten. Dafür benötigt der neue Manager vor allem Machtkompetenz. Mit Sachfragen braucht man ihn gar nicht zu behelligen.

Sogar die Ansprüche an die Mitarbeiterführung haben sich stark verändert. Die Verantwortung wird nach unten delegiert. Der Facilitator erwartet sich bestens motivierte MitarbeiterInnen, die sich ihre Arbeitsaufgaben selbst suchen, aktiv Themenstellungen entwickeln und an ihn herantragen. Für viele völlig überraschend ist, dass der neue Manager keine Aufträge verteilt und auch keine Anweisungen gibt. Wurden die Ziele einmal definiert, wird am Ende nur noch der erreichte Erfolg oder Misserfolg beurteilt. MitarbeiterInnen sollen sich als Unternehmer ihrer eigenen Arbeitskraft verstehen und die Firmen als Marktplatz betrachten, auf dem sie diese bestmöglich verkaufen können.

Auch die Konzepte der Personalentwicklung aus den 1980er Jahren, in denen von Motivation und Persönlichkeitsentwicklung der MitarbeiterInnen die Rede war, haben bei ihm ausgedient. Vielmehr versteht er seine Führungsrolle darin, bereits vorhandenes hohes Engagement und exzellente Kompetenzen in die richtigen Bahnen zu lenken, durch Empowerment und Entrepreneurship die Leistung der MitarbeiterInnen kontinuierlich zu steigern und auf diese Weise seine eigenen Zielvorgaben zu erfüllen. Er selbst hat als oberstes Ziel seine eigene Karriere im Auge und darf den richtigen Zeitpunkt nicht versäumen, wann der Absprung in die nächstbessere Position fällig wird.

Ein solcher Kontext ist zwar immer noch hierarchisch und konstruiert, aber die bekannten Mechanismen der klassischen Hierarchie funktionieren hier nicht mehr. Anweisung, Kontrolle, Motivationsgespräch, Einschulung – alles überholt. In der globalisierten Hierarchie wird von den MitarbeiterInnen Selbstverantwortung, Eigeninitiative und laufende Fortbildung vorausgesetzt. Wer die ständig höher werdenden Anforderungen nicht schafft, fällt zurück und wird zum Kandidaten für die nächste Rationalisierungswelle. Diese neuen Spielregeln werden jedoch nicht kommuniziert. Es findet keine Antrittsrede statt, in der die MitarbeiterInnen darüber informiert werden, dass ab nun alles anders ist. Meist ist diese Veränderung nicht einmal den Managern selbst bewusst. Sie sind entweder langsam in die neue Rolle hineingewachsen oder zu jung, um eine klassische Hierarchie erlebt zu haben.

Selbst die Karriere hat in einer globalisierten Hierarchie ihre Form verändert. Sie wurde von ihrer ursprünglichen engen Verbindung zur Hierarchie eines einzigen Unternehmens losgelöst und ihre Ambitionen erstrecken sich über den ganzen Globus. In der *guten alten Welt* war es noch möglich, sich genau auszurechnen, wann der Herr Direktor in Pension gehen wird, um die eigenen Karrierechancen zu beurteilen. Heute öffnet sich durch die starke Fluktuation im Management für viel mehr Menschen die Türe zum Aufstieg und auch der Druck, Karriere zu machen, ist für die Mittelschicht der *schönen neuen Welt* wesentlich höher als früher.

Allerdings muss heute jeder, der es nach oben geschafft hat, damit rechnen, dass er aus dieser Position nicht seine Pension antreten wird. Nachdem die Verweildauer der Manager in einer Firma immer kürzer wird, erhalten immer mehr Menschen eine Karrierechance. Gab es früher Zehnjahresverträge, so wird man heute üblicherweise nur noch für drei Jahre verpflichtet. Dadurch – und das ist eine der Schattenseiten der globalisierten Hierarchie – häufen sich auch die Gefahren eines Abstiegs oder gar eines Karriereabbruchs. Man muss mit einem Auf und Ab seiner Laufbahn leben lernen und den damit verbundenen sozialen, physischen und psychischen Stress sowie auch finanzielle Einbußen verkraften können.

Kontinuität und Langfristigkeit galten als oberste Prinzipien der UnternehmerInnen in der *guten alten Welt*. Für Manager der *schönen neuen Welt* sind sie Karrierekiller. Wer länger als fünf Jahre bei einer Firma bleibt, muss schon auf seinen Lebenslauf achten. Er kann es sich nicht leisten, dass ihm mangelnde Flexibilität oder fehlende Chancen nachgesagt werden. Der Aufstieg findet in einer globalisierten Hierarchie nicht mehr auf der Leiter eines einzigen Unternehmens statt. Als Bühne steht vielmehr die ganze Welt zur Verfügung. Erfolg wird nicht mehr in Positionen, sondern in einer persönlichen „Hierarchie" der Jobs gemessen. Um herauszufinden, wie gut man ist, muss man sein Jahreseinkommen, seinen Marktwert oder das Image des angestrebten Unternehmens an internationalen Rankings messen.

Die Hierarchie und die Frauen

In der Fachliteratur wird in diesem Zusammenhang oftmals ein Genderaspekt bemüht. Manche Feministinnen vertreten die These, dass Hierarchien „männlich" wären. Sie stützen sich auf Forschungen über Männer- und Frauengruppen, die belegen, dass Frauen ihre Aufgaben netzwerkartig organisieren und weniger Rangkämpfe austragen würden. Dieser Befund kann jedoch nur für die Erfahrungen in einer traditionellen Machtverteilung zwischen den Geschlechtern gelten – Frauen waren bis vor wenigen Jahrzehnten hauptsächlich für die Familie zuständig und Männer für die Erwerbsarbeit. Daher ist es naheliegend, dass die Entwicklung der Großorganisationen fast ausschließlich von Männern getragen war.

Die Schlussfolgerung, dass Frauen grundsätzlich weniger hierarchisch strukturieren würden, kann man heute nicht mehr als allgemeingültige Aussage gelten lassen. Wie eine Arbeit organisiert wird, hängt viel stärker mit der jeweiligen Aufgabenstellung zusammen als mit dem Geschlecht der ausführenden Personen. Würden Frauen eine Verteidigungslinie gegen feindliche Heerscharen aufbauen oder eine Produktionsstätte am Weltmarkt wettbewerbsfähig halten müssen, dann würden sie gezwungen sein, auf dieselben Strategien zurückzugreifen wie die Männer – eben auf hierarchische Strukturen. Es gibt keine „weibliche" – was so viel heißen soll wie einfühlsame oder egalitäre – Art und Weise, diese Aufgaben zu bewältigen. Andererseits müssen ja auch Männer, die sich mit Kindern, Pflege und Haushalt beschäftigen, erkennen, dass Netzwerkstrukturen dafür wesentlich besser geeignet sind als konstruierte Hierarchien.

Es ist aus heutiger Sicht sehr unwahrscheinlich, dass ein „weiblicher Weg" für die Strukturierung der Arbeit in Großorganisationen gefunden werden kann, der das notwendige Ergebnis bringt. Was Frauen sich hier wünschen, entspricht ihrer Erfahrung in kleinen überschaubaren Einheiten, der natürlichen Hierarchie der Familien- oder Kompetenzsysteme. Die Gleichheit und Transparenz der Kommunikation, die Frauen (und Gutmenschen-Männer) anstreben, funktioniert – wenn überhaupt – nur in Mikrobetrieben mit einem hohen Anteil an Herz-Beziehungen. Wenn Frauen die gläserne Decke überwinden wollen, dann wird es unumgänglich, sich genauso mit den Spielregeln der konstruierten Hierarchien vertraut zu machen und Gewissensentscheidungen zu fällen wie Männer beziehungsweise wie Geld-Menschen. Es gilt der Versuchung zu widerstehen, unbewusst und aus alter Gewohnheit überall familienähnliche Strukturen mit den dazugehörigen Spielregeln errichten zu wollen. Mehr Erfolg bringt die Beurteilung der Organisation und der eigenen Ziele sowie die Auswahl der entsprechenden Strategie.

An dieser Stelle sei nochmals speziell für die Frauen unter den Gutmenschen darauf hingewiesen, dass in der *schönen neuen Welt* die Gesellschaft nicht am Arbeitsplatz verändert werden kann. Die Einzelne ist zu ungeschützt und nicht durch einen allgemeinen gesellschaftlichen Konsens abgesichert, wenn sie an ihrem Arbeitsplatz gegen die herrschenden Spielregeln agiert. Damit ändert sie nicht das System, sie gelangt nicht über die gläserne Decke hinaus, erhält bloß weniger Gehalt oder verliert einfach ihren Job. Gesellschaftliche Veränderung bedarf politischer Macht, und diese muss außerhalb des Arbeitsplatzes aufgebaut werden.

Machtstrategien für den Weg an die Spitze

Um in konstruierten Hierarchien an die Spitze zu kommen, benötigt man bestimmte Eigenschaften und Fähigkeiten. Der sogenannte „Wille zur Macht" zeichnet allgemein Menschen aus, die ein starkes Bedürfnis nach Gestaltung und Einflussnahme haben. Gleichzeitig handelt es sich dabei um Basistugenden, die ein Unternehmer haben muss, um einen Betrieb gründen oder übernehmen zu können. Als Mehrheitseigentümer befindet sich ein Unternehmer allein schon durch diese Tatsache automatisch an der Spitze. Damit ist er mehr oder weniger Alleinentscheidender: Alle anderen Ebenen und MitarbeiterInnen müssen sich nach ihm richten. Seine Position ist nicht durch Machtkämpfe gefährdet, sondern höchstens durch Verschiebung der Besitzanteile. Nur UnternehmerInnen verfügen über das Umfeld, ihre viel zitierte Möglichkeit, ihre visionäre Kraft in die Tat umzusetzen. Für Manager oder Funktionäre, die sich in Konzernen oder Organisationen nach oben arbeiten, sind eigene Visionen eher hinderlich, obwohl sich in den Medien das gegenteilige Bild hartnäckig hält.

Spitzenkräfte, die nicht selbst Mehrheitseigentümer, sondern angestellte Manager sind, brauchen die Fähigkeit zum *Dienen*. Das mag aufs Erste ungewohnt klingen, verfügt doch der Top-Manager oder Konzernboss über das Image des uneingeschränkten Machers. Tatsächlich ist er, wie die englische Bezeichnung

„Executive" es bildhaft ausdrückt, „nur" ein ausführendes Organ. Seine Aufgabe besteht ausschließlich in der Umsetzung des Eigentümerwillens. Im kleinen Rahmen hat der Geschäftsführer die Vorgaben der Gesellschafter und im großen Rahmen der Vorstand die Vorgaben der Aktionäre zu erfüllen. In Vereinen oder Interessenvertretungen sind es die Mitglieder und bei politischen Parteien die Wähler, die als „Eigentümer" das Sagen haben beziehungsweise haben sollten. Daher ist in der ersten Ebene des Managements zwar Umsetzungsstärke gefordert, die aber trotz der Spitzenposition mit der Bereitschaft zur Unterordnung und zur Erfüllung von fremden Zielen gepaart sein muss.

Die Praxis zeigt, dass sich unter Managern und Funktionären viele Menschen befinden, die von ihren Anlagen her eigentlich verkappte UnternehmerInnen sind. Das zeigt sich daran, dass sie ständig ihren eigenen Willen durchsetzen wollen und dadurch mit jenem der Eigentümer in Konflikt geraten. Viele sind deswegen ins Management gegangen, weil ihnen der Mut zur Selbstständigkeit, zur Übernahme eines finanziellen Risikos fehlt. Innerhalb der Organisation entpuppen sie sich dann trotz hoher Leistungsbereitschaft oft als schwierige MitarbeiterInnen und die Eigentümer bekommen das Gefühl, sich nicht hundertprozentig auf sie verlassen zu können. Verkappte Unternehmerinnen werden oft erst wirklich erfolgreich, wenn sie sich entweder doch noch zur Selbstständigkeit und zur Eigenverantwortung entschließen oder diesen Traum ein für alle Mal beiseitelegen und den Dienst an der Organisation mit vollem Engagement antreten.

Wer in einer Hierarchie nach oben kommen möchte, muss sich also in jedem Fall dem Eigentümerwillen unterordnen. Die Wege zu diesem Ziel sind jedoch in klassischen Systemen andere als in globalisierten. Das erklärt, warum bei einem Systemwechsel so viele bislang erfolgreiche Menschen aus dem Tritt kommen und ihre Karrieren oft abrupt beendet werden. Wer seine Position behalten oder ausbauen möchte, tut gut daran, regelmäßig zu überprüfen, in welchem System er sich befindet.

Im öffentlichen Dienst, in staatsnahen Betrieben oder in Interessenvertretungen, wo noch klassische Hierarchien zu finden sind, ist es nahezu unmöglich, ohne Zugehörigkeit zu einer Partei vorwärts zu kommen. Politiker unterstützen Karrieren als Anreiz und Belohnung für ihre Getreuen – da helfen keine Objektivierungsverfahren für die Personalauswahl und keine Gesetze gegen Protektion. Wenn die Politik nichts mehr zu verteilen hätte, würde ihre Funktionärsschicht drastisch schrumpfen – nur mit Idealen ist besonders in der *schönen neuen Welt* kaum noch jemand hinter dem Ofen hervorzulocken. Strebt man also höhere Positionen an, dann zählen gute Kontakte zu den relevanten politischen Vertretern, Engagement in Vorfeldorganisationen, verwandtschaftliche Beziehungen und persönliche Mentoren zu den Erfolgskriterien.

Verfügt man über keine entsprechende Herkunft, kann man in klassischen Hierarchien auch den Weg über das „Hochdienen" wählen. Diese Bezeichnung soll hier nicht sarkastisch verstanden werden, sondern als pragmatische Beschreibung einer wirksamen Strategie. In Organisationen, in denen der Chef seinen Nachfolger selbst aufbauen und mitbestimmen kann, bringen jahrelanges Zuarbeiten in subalternen Positionen und das Übernehmen von Sündenbock-Funktionen Punkte auf dem Weg nach oben. Das bedeutet, seine eigenen Wünsche nach Anerkennung für lange Zeit hintanzustellen, die gesamte Organisation und ihre Spitzenvertreter immer wichtiger zu nehmen als die eigenen kurzfristigen Interessen. Man muss es schaffen, auf der einen Seite dem Vorgesetzten die Erfolge zu gönnen, für die man selbst gearbeitet hat. Auf der anderen Seite muss man die Zuschreibung von Misserfolgen vom Vorgesetzten weg und auf sich selbst lenken. Mit etwas Glück und Geschick winkt als Lohn dann die Beförderung.

In weiterer Folge benötigt man, um seine Karriere abzusichern, ein gutes Gespür für die Schuldverhältnisse, die man auf dem Weg nach oben eingegangen ist. Diejenigen, die den Erfolg durch ihre Unterstützung ermöglicht haben, erwarten Abgeltung und Befriedigung in Form von Posten oder Privilegien. Diese Ansprüche in der Grauzone der Legalität und unter der Beobachtung durch die Medien diskret zu erfüllen, zählt bereits zur hohen Kunst in klassischen Hierarchien. Ein weiterer Hochseilakt ist der Umgang mit MitarbeiterInnen, die nicht kooperieren. Man übernimmt eine Abteilung mit oft lang gedienten MitarbeiterInnen und muss mit diesen seine Ziele erreichen. Klappt das mit einigen nicht, so kann man diese in klassischen Hierarchien ja nicht einfach durch Entlassung loswerden, weil sie meist einen hohen Kündigungsschutz genießen oder selbst über gute Beziehungen verfügen. Man kann sie nur isolieren und einen sogenannten „Bypass" legen. Das heißt, dass man sich an ihnen vorbei mit einer anderen Vertrauensperson verbündet, ihnen Informationen vorenthält, sie auf falsche Fährten lockt oder ihnen die Ressourcen verweigert – und dies solange, bis sie aufgeben, ihr Einfluss gebrochen ist oder sie sich schließlich kooperativ verhalten.

In konstruierten Hierarchien muss jede erreichte Machtposition kontinuierlich durch Seilschaften und Verbündete gegen Intrigen abgesichert werden. Rasche Orientierung und notwendigen Respekt erlangt man nicht nur durch die eigene Persönlichkeit, sondern durch den Einsatz von Insignien der Macht. Überall dort, wo Uniformpflicht herrscht, ist die Rangordnung in der Hierarchie an den dementsprechenden Symbolen wie Sterne, Winkel und Farben auf den ersten Blick abzulesen. Jeder weiß sofort, mit wem er es zu tun hat. Damit man in den zivilen Organisationen seinen Status nicht jedes Mal erst erklären muss, sollten auch dort für die jeweilige Institution passende Statussymbole dezent eingesetzt werden. Wer auf diese Hilfsmittel verzichtet, macht sich das Leben nur unnötig schwer.

Hat man alle diese Hürden genommen, besteht zwar keine Garantie für ein Abonnement auf einen Platz an der Sonne – selbst bei bester Vorbereitung muss eine Strategie ja nicht unbedingt aufgehen –, aber zumindest spielt man das Spiel nach den richtigen Regeln.

In globalisierten Hierarchien, wie sie vor allem in internationalen Konzernen zu finden sind, käme man mit diesem Verhalten nicht sehr weit. Der karrierewillige Manager braucht hier neben Auslandserfahrung und Mehrsprachigkeit besonders die Fähigkeit, mit fremden und immer neuen Kollegen und MitarbeiterInnen sehr rasch zurechtzukommen. Seine Bindung an das Unternehmen ist zeitlich begrenzt, bei einem Wechsel muss er rasch loslassen und sich in einem neuen Unternehmen mit einer neuen Kultur ebenso rasch wieder einleben können. Obwohl es auch für den internationalen Manager erforderlich ist, Loyalität für sein Unternehmen aufzubringen, ist er letztlich nur sich selbst verantwortlich. Eine ethische Orientierung an gesellschaftlichen oder unternehmensinternen Werten kann sich aufgrund des häufigen Wechsels kaum herausbilden, die Kontrollmechanismen der Aufsichtsorgane sind schwach und langsam. Es bleibt ihm letztlich nur sein eigenes Gewissen.

Die Jobs für den Karriereweg ergattert man in einer globalisierten Hierarchie eher durch Zufall und Glück: Kriterien dafür können sein, dass man sich zum richtigen Zeitpunkt am richtigen Ort befindet, beim Auswahlverfahren des Headhunters besonders gut drauf ist und eine überzeugende Performance abgibt oder von einer Sitznachbarin im Flugzeug einen entscheidenden Tipp erhält. Obwohl globalisierte Unternehmen meist eine große und gut ausgestattete Abteilung für Personalentwicklung haben, die Pools für High Potentials füllt und Nachwuchsführungskräfte trainiert, gleichen die Karrieren eher einem Glücksspiel als einer geplanten Laufbahn.

Wer nach oben will, braucht neben einer gehörigen Portion Selbstbewusstsein auch die Bereitschaft zur Selbstdarstellung. Mit Bescheidenheit und Understatement kommt man in einem internationalen Konzern nicht weiter. Niemand ist lange genug an einer Stelle, um sich von den Stärken seiner MitarbeiterInnen ein Bild zu machen und diese dann zu fördern. Entweder man kann seine Leistungen durch Selbstmarketing verkaufen oder man wird übersehen.

Unabhängig von der Hierarchieform treten bei Menschen, die über längere Zeit in Spitzenpositionen arbeiten, Veränderungen der Persönlichkeit auf. Auf dem Weg nach oben werden nach und nach die Wertmaßstäbe relativiert. Handlungen, die man früher abgelehnt und verachtet hätte, führt man nun selbst aus, weil man sie jetzt als Sachzwang erlebt: entweder die Wahrheit verbiegen oder sein Ziel nicht erreichen; entweder den Konkurrenten ausschalten oder selbst ausgeschaltet werden. Die Luft wird immer dünner, je weiter man nach oben steigt. Man kann immer weniger Menschen vertrauen, man ist schon oft enttäuscht worden und man darf keine Schwächen zeigen. Auf der anderen Seite bringt eine Machtposition auch einen hohen Lustgewinn mit sich. Neben den meist sehr attraktiven finanziellen Bedingungen kann man gestalten und Einfluss nehmen, lernt interessante Menschen kennen und wird bewundert.

Diese angenehmen Aspekte führen bei vielen Menschen unter Umständen zur Abhängigkeit. Eben weil der Weg an die Spitze einer Hierarchie mit großen Entbehrungen und persönlichen Anpassungsleistungen verbunden ist, erzeugt der Wechsel in die Niederungen Angst. Man kann sich das so ähnlich vorstellen wie bei einem Sportler, der in vielen mühsamen Trainingsstunden an der Kraftmaschine seine Herzkapazität weit über das Maß des Durchschnittsbürgers vergrößert hat. Wenn er diese Kraft für seine Aufgaben nicht mehr nützen kann, muss er genauso mühsam wieder „abtrainieren", um das im Alltag gebrauchte geringere Volumen zu erzeugen. Es ist also nicht nur die immer wieder verächtlich kritisierte Sucht, die den Abstieg für Menschen so schwierig macht – es haben tatsächlich Veränderungen in der Persönlichkeit stattgefunden, ohne die jemand seine Position gar nicht erreicht oder sich dort nicht bewährt hätte. Macht verdirbt nicht den Charakter. Die vielen Möglichkeiten und Versuchungen bringen jedoch den wahren Charakter eines Menschen zum Vorschein.

Machtstrategien für die unteren Ebenen

Gutmenschen, die in einem hierarchischen System Erfolg haben, aber auch solche, die einfach nur konfliktfrei ihrem Job nachgehen wollen, tun gut daran, ihr Verhalten ernsthaft auf Tauglichkeit zu überprüfen. Viele, die sich über ihre Chefs beklagen, erzeugen in Wirklichkeit das Problem selbst – und das noch oft in bester Absicht. Die Art und Weise, wie sie sich in das Berichtswesen einbringen, indem sie dieses zum Beispiel mit authentischer Kommunikation verwechseln, trägt ihnen laufend schlechte Beurteilungen ein.

Gutmenschen meinen einen konstruktiven Beitrag zu leisten, wenn sie bei einer Zielvorgabe als Erstes laut darüber nachdenken, warum etwas nicht klappen könnte und welche Hindernisse sich in den Weg stellen werden. Während sie dieses Vorgehen als umsichtig betrachten und stolz auf sich sind, werden sie dafür von ihren Geld-Menschen-Vorgesetzten als „Bedenkenträger" bezeichnet und mit Verachtung belegt. Ebenso wenig schätzen Chefs die Angewohnheit der Gutmenschen, Konflikte und Irrtümer immer sofort aufklären zu wollen, damit die Beziehungsebene wieder entspannt ist. Chronologische Herleitungen von Geschehnissen, Erklärungen, Rechtfertigungen und Schuldzuschreibungen sind ein absolutes Tabu in hierarchischen Organisationen. Sie gehören eindeutig in den Bereich der Herz-Beziehungen und bewirken in den heutigen Leistungs-Beziehungen genau das Gegenteil von dem, was damit beabsichtigt war. Anstatt die Atmosphäre zu verbessern, um mit frischem Elan an die Arbeit gehen zu können, erzeugen Gutmenschen mit ihren Überlegungen und Erklärungen einen undynamischen und ängstlichen Eindruck. Sie ernten Ablehnung, werden isoliert und manchmal sogar gemobbt.

Gutmenschen müssen das angemessene Verhalten für konstruierte Hierarchien in der *schönen neuen Welt* meist wie die Grammatik einer Fremdsprache lernen. Hier einige Regeln:

1. *Zuerst denken, dann reden*

Spontane Äußerungen oder gemeinsames Brainstorming ist weder in einer Sitzung mit Kollegen noch in einem Gespräch mit dem Vorgesetzten angebracht. Man kann davon ausgehen, dass nicht die offene Atmosphäre herrscht, in der man sich Fehler erlauben könnte – selbst wenn der äußere Schein diese Einschätzung rechtfertigen würde. Stattdessen nimmt man die Informationen des Chefs einfach auf, stellt Verständnisfragen, zieht sich damit zurück und kommt mit einem durchdachten Konzept wieder. Dieses kann dann auch Forderungen enthalten, die zur Umsetzung notwendig sind. Wohlgemerkt: Forderungen! Keine Klagen, keine Sorgen, keine Kritik, keine Vorwürfe! Forderungen beginnen mit Formulierungen wie: „Für die sachgerechte Fertigstellung ist eine Fristerstreckung von zwei Tagen nötig" oder: „Wenn der Zeitplan halten soll, müssen für dieses Projekt noch zusätzlich zwei Manntage kalkuliert werden". Kein „ich glaube …", kein „das könnte vielleicht …" Man hat die Lagebeurteilung mit bestem Wissen und Gewissen aus der eigenen Perspektive zu erstellen und muss sie selbst verantworten. Es obliegt dem Vorgesetzten, aus der Summe der Berichte die entsprechenden Rückschlüsse zu ziehen und neue Entscheidungen und Zielvorgaben ins System einzuspeisen. Das ist sein Job, dafür wird er bezahlt.

An dieser Stelle erscheint noch ein besonderer Hinweis angebracht: Diese Vorgehensweise bedeutet keineswegs, dass in einer konstruierten Hierarchie der Einzelne keine Verantwortung zu tragen hätte. Im Gegenteil: Je besser jeder in seinem Bereich die Verantwortung für seine Aufgaben und Einschätzungen übernimmt, je präziser seine Berichte an den Vorgesetzten abgefasst sind, umso brauchbarer sind dessen Entscheidungsgrundlagen, umso treffsicherer ist die nächste Zielvorgabe. Die Vorstellung, dass in einer Großorganisation jeder für alles verantwortlich sein und alles kontrollieren sollte, damit kein Missbrauch geschieht, gehört ins Reich der Gutmenschen-Illusionen.

2. Blick nicht zurück

Ein Bericht oder ein Reporting ist kein Deutschaufsatz im Stil von: „... und dann hat das Team eine Krise gehabt und dann ist uns die Zeit zu knapp geworden ...“ Berichte sollen eine Lage beschreiben, Fakten nennen und den Bedarf für die nächsten Schritte definieren. Befindlichkeiten und Emotionen bedürfen keiner Erwähnung, der Umgang damit obliegt der Eigenverantwortung, außer es kann daraus eine Forderung abgeleitet werden: „Um die Fehlerhäufigkeit zu reduzieren, braucht das Team eine Auszeit von einem Tag oder Verstärkung um zwei sachkompetente Personen ...“

3. Funktion und Person trennen

In einer Großorganisation muss man die Menschen, mit denen man es zu tun hat, nicht mögen. Ja eigentlich können sie einem sogar unsympathisch sein. Das einzige, was man benötigt, ist die Akzeptanz der Funktion. Vorgesetzte sind nicht dazu da, einem das Leben zu verschönern. Ihre Aufgabe ist es, die Ziele so interessant darzustellen, dass die besten MitarbeiterInnen aus eigenem Antrieb gerne und mit Engagement bei der Sache sind. MitarbeiterInnen sind dazu da, mit ihrer Leistung das Erreichen der Zielvorgaben zu ermöglichen, sie dienen jedoch nicht der Selbstverwirklichung des Vorgesetzten. Im Verhältnis zu Kollegen und Kolleginnen ist freundliche Distanz und Zurückhaltung mit privaten Informationen angebracht. In der nächsten Runde könnten sie die Konkurrenten bei der Bewerbung um eine Position sein und ihr Wissen ausnützen.

Der Traum vieler Gutmenschen – vor allem jener, die ihre Wurzeln in linken Ideologien haben –, Machtverhältnisse dauerhaft von unten nach oben zu gestalten, kann für die meisten Organisationsformen als gescheitert betrachtet werden. Selbstverwaltete Betriebe, Kooperativen, basisdemokratische Entscheidungsstrukturen oder emanzipatorische Bewegungen können nur in einem ganz speziellen Umfeld gedeihen. Meist basieren sie auf Freiwilligkeit, sie eignen sich wunderbar, um Dinge mit Engagement in Gang zu bringen. Sobald die Konflikte schärfer werden oder Konkurrenz von außen oder innen auftritt, bahnen sich die bekannten Mechanismen ihren Weg. Entweder es kommt zur offenen Institutionalisierung oder es bilden sich informelle Führungsschichten aus. Letzteres führt zu instabilen Verhältnissen mit ständigen Machtkämpfen, die zwar nicht so bezeichnet, jedoch meist besonders hart geführt werden. Die Angriffe finden überwiegend auf der persönlichen Ebene statt und erzeugen dort schwere Schäden im Selbstwertgefühl der Betroffenen.

Natürlich sind Experimente mit neuen Machtstrukturen weiterhin wichtig und für die gesellschaftliche Entwicklung von großer Bedeutung. Gutmenschen sollten jedoch bei ihren Wünschen nach persönlichem Erfolg bedenken, dass Hierarchien der *schönen neuen* Welt noch weniger Platz für menschliche Bedürfnisse bieten, als dies ohnehin in Großorganisationen der Fall ist.

Perspektiven für Gutmenschen

„Diejenigen, die in dieser Welt durchkommen,
sind die, die sich erheben und Ausschau halten
nach den Verhältnissen, die sie benötigen.

Und wenn sie sie nicht finden,
stellen sie diese eben her."

George Bernard Shaw

Die passende Arbeitsumgebung

Gutmenschen müssen angesichts der Werte in der *schönen neuen Welt* nicht resignieren. Entgegen aller Befürchtungen zeigt die Erfahrung, dass eine klare Sicht auf die Realität Ohnmachtsgefühle hintanhält und den Handlungsspielraum vergrößert. Sie sind nicht gezwungen, nach den neoliberalen Regeln zu leben. Vielmehr können sie nach einer Analyse der gesellschaftlichen Bedingungen leichter eine Entscheidung treffen, wie sie sich in diesem Umfeld positionieren wollen. Das Spektrum reicht von völliger Anpassung über teilweise Integration oder zeitweise Verweigerung bis zum totalen Widerstand. Diese Wahl wird nicht nur von den eigenen Idealvorstellungen bestimmt, viele Menschen sind auch Sachzwängen ausgesetzt: Sie haben eine Familie zu versorgen oder Schulden zu tilgen. Und nicht jeder, der gerne seinen Träumen folgen würde, sieht sich in der Lage, dafür auch den Einsatz zu bringen. Anstatt sich von zu hohen Ansprüchen erschlagen zu lassen und dann überfordert gar nichts zu erreichen, könnten Gutmenschen auch ein individuell dosiertes Vorgehen wählen, denn es ist weitgehend möglich, den Grad der Belastung selbst zu steuern. Das beginnt bei der Auswahl der passenden Arbeitsumgebung und endet beim Ausmaß des Engagements für den Kampf um eine bessere Welt.

Es bestehen mehr Chancen, als man gemeinhin annimmt, auch innerhalb dieser Gesellschaft ein akzeptables Arbeitsumfeld zu finden, denn die neuen Regeln sind nicht überall gleich stark ausgeprägt.

In globalisierten Konzernen

Wenn Gutmenschen trotz ihres Unbehagens mit dem derzeitigen System Karriere machen und durchaus viel Geld verdienen wollen, dann bietet das Umfeld der Geld-Menschen dafür die größten Chancen.

Zu dieser Kategorie gehören transnationale Konzerne und

Unternehmen, die durch Investoren oder Fondsgesellschaften kapitalisiert sind. Weil das oberste Ziel kapitalgetriebener Firmen die Steigerung der Gewinne oder des Unternehmenswertes sein muss, entfalten auch die Gesetze der Geld-Menschen hier ihre stärkste Wirkung. Das Wertesystem der Gutmenschen und die in einem Konzern geforderten Verhaltensweisen stehen zueinander in einem enormen Spannungsverhältnis. Daher ist die Anpassungsleistung, die Gutmenschen auf diesem Sektor erbringen müssen, auch am höchsten. Der Arbeitsalltag wird sehr wahrscheinlich große Anforderungen an ihre psychische Belastbarkeit stellen.

Um in einer solchen Umgebung erfolgreich zu sein, sollten Gutmenschen zusätzlich zu ihrer fachlichen Fortbildung das gesamte Geld-Menschen-Programm im Schnellverfahren absolvieren: Präsentations- und Verhandlungstechniken, Eigenmarketing, Kampfrhetorik, strategisches und taktisches Denken sowie Hierarchie-Kompetenz. Das Training besucht man am besten (trotz aller Widerstände und Vorurteile) bei Trainern aus dem Umfeld von Militär, Polizei, Spitzensport oder Vertriebswesen. Die Teilnahme an regionalen und internationalen Netzwerken fördert das Vorwärtskommen, man muss wissen, mit welchen entscheidenden Personen man in Kontakt zu treten hat. Gutmenschen, die nicht aus bürgerlichem Hause kommen, sollten sich nicht scheuen, auch Kurse für Business-Etikette und Small Talk zu belegen und in eine dem jeweiligen Dresscode angemessene Garderobe zu investieren.

Wer in den Unternehmen der Geld-Menschen seinen Job in Ruhe ausüben möchte, sollte sich eine Nische suchen und dort seine Arbeit erledigen, ohne aufzufallen. Wer allerdings Karriere machen will, wird nicht darum herumkommen, sich im privaten Umfeld durch professionelle Dienstleistungen unterstützen zu lassen. Auf dem Weg nach oben benötigt man zumindest eine Reinigungskraft, gegebenenfalls eine Kinderbetreuung oder Altenpflege und man darf sich erlauben, den Einkauf durch einen Zustelldienst liefern zu lassen. Aufstieg bedeutet auch in der *schönen neuen Welt*, in die neue Bürgerlichkeit vorzudringen, und das Bürgertum hat seine Leistungen schon immer mithilfe von Personal erbracht. Viele Gutmenschen hegen hingegen den paradoxen Anspruch, bürgerliche Standards mit proletarischen Mitteln zu erreichen. Selbst wenn sie schon im mittleren Management sind, stehen sie um fünf Uhr auf, um noch schnell staubzusaugen und hetzen knapp vor Ladenschluss zum Einkaufen und in den Kindergarten.

In den Unternehmen der Geld-Menschen muss man dem eigenen Erfolg oberste Priorität einräumen. Dieser verlangt bedingungslose Einordnung in die Organisation – nicht Idealismus, Gemeinschaftsinn oder Selbstverwirklichung. Daher zur Erinnerung: Hände weg vom Psychologisieren, Moralisieren und Solidarisieren. Diese Strategien wirken nur in der Welt der Gutmenschen. Selbstverständlich prägen auch in den Unternehmen der *schönen neuen Welt* undramatische, freundliche Beziehungen zu Kollegen, Vorgesetzten und Kunden sowie interessante Aufgaben den Arbeitsalltag. Doch sollte man sich nicht täuschen lassen und immer auf einen Kampf gefasst sein. Auf eine kurze Formel gebracht, kann man sagen: Je weiter unten in einer Hierarchie man positioniert ist, desto mehr Herz darf in die Arbeit einfließen. Je weiter oben, umso mehr zählen Taktik und Strategie.

Um diese Situation psychisch zu überleben, muss der Gutmensch einen Ausgleich in lebendigen privaten Beziehungen finden. In der Familie, in Freundschaften können Intimität, Offenheit und Emotionalität gelebt werden. Zudem erleichtert eine pragmatische Einstellung das Leben: Der Job dient einfach der materiellen Absicherung, Lebenssinn und Selbstverwirklichung muss man sich in der Freizeit suchen. In diesem Arbeitsumfeld wird allerdings wenig Zeit bleiben, sich neben seinen eigenen sozialen Beziehungen für gesellschaftspolitische Anliegen einzusetzen.

In klassischen Gutmenschen-Organisationen

Gutmenschen müssen nicht unbedingt mitten im „Feindesland" arbeiten. Es gibt sie ja noch, die klassischen Gutmenschen-Organisationen: in der öffentlichen Verwaltung, im Bildungs- und Gesundheitswesen, in den sozialen Diensten, in Kunst und Kultur, in Interessenvertretungen, NGOs etc. Bei diesen Arbeitgebern finden Gutmenschen ein Umfeld vor, das mit ihren Werten eher kompatibel ist, das ihren Stärken in der Kommunikation, ihren Befindlichkeiten und dem Bedürfnis nach Sinnstiftung wesentlich mehr Möglichkeiten bietet. Selbstverständlich werden auch in diesem Segment Machtspiele gespielt. Selbst wenn Gutmenschen diese nicht gerade als angenehm empfinden, so sind doch ihre Mechanismen für sie eher nachvollziehbar und vertraut.

Die Chancen für Gutmenschen in Gutmenschen-Organisationen liegen darin, dass durch die gemeinsame Weltsicht mehr Gemeinschaftssinn und eine größere Identifikation mit den Zielen entstehen können. Dabei sollte man aber nicht übersehen, dass unsere Gesellschaft insgesamt nach den Werten der Geld-Menschen ausgerichtet ist. Will man darin als Person oder als Organisation erfolgreich sein, kann man sich nicht einfach abschotten. Man benötigt auch hier ein Grundwissen über die Kommunikationsgesetze der *schönen neuen Welt*, die heute auch weite Bereiche der Gutmenschen-Institutionen durchdringen.

Im Zwischenreich

Es gibt nicht nur reine Geld-Menschen- oder Gutmenschen-Organisationen. Es entsteht zwischen diesen Welten ein stetig wachsender Bereich. Aufgrund von Privatisierungen und Ausgliederungen von Staatsbetrieben sowie Börsengängen oder Übernahmen von Familienbetrieben verwandeln sich zahlreiche Gutmenschen-Organisationen in Geld-Menschen-Organisationen. Die neue Ausrichtung verlangt von Management und MitarbeiterInnen, dass sie die Geld-Menschen-Regeln rasch übernehmen. Weil dies zumeist nicht offen kommuniziert wird, tun Gutmenschen gut daran, die neuen Gegebenheiten selbst zu entschlüsseln.

In diesem Zwischenreich erzeugt das Aufeinanderprallen der

Werte eine besonders unangenehme Nebenwirkung, auf die man achten sollte: Geld-Menschen-Ziele machen Kündigungen meist unumgänglich. Diese werden jedoch oft nicht direkt ausgesprochen, weil die Gutmenschen-Seite der Chefs das nicht vertreten möchte. Vielmehr erhöhen die Verantwortlichen den Druck auf die MitarbeiterInnen auf fachlicher oder persönlicher Ebene solange, bis diese aufgeben und das Arbeitsverhältnis von selbst beenden. Dies geschieht meist nicht im vollen Bewusstsein der Konsequenzen, sondern eher aus einem diffusen schlechten Gewissen und mangelnder Konfliktfähigkeit. Oft wird ein solches Verhalten mit Mobbing oder Bossing verwechselt, was es im engeren Sinn aber nicht ist. Vielmehr wird hier ein strukturelles Problem (Personalabbau) auf die persönliche Ebene verlagert. Daher helfen auch die in anderen Fällen wirksamen Strategien zur Mobbingabwehr nicht. Selbst wenn der Chef vorerst einlenkt, wird der Mitarbeiter dennoch bei nächster Gelegenheit „freigesetzt".

Wenn Gutmenschen merken, dass sich die Angriffe der Vorgesetzten häufen, dann sollten sie sich rasch entscheiden: Bleiben wollen bedeutet, mehr Bereitschaft für das Geld-Menschen-Spiel zu signalisieren und die Regeln zu lernen. Will man das nicht, ist ein möglichst rascher und aktiver Abgang sinnvoll, auch wenn man noch kein anderes Angebot in der Tasche hat. Ein zu langes Verharren in der vergifteten Atmosphäre raubt die Kräfte für den Neuanfang und beschädigt das Selbstwertgefühl nachhaltig.

Im Zwischenreich haben jene Gutmenschen die besten Chancen, die imstande sind, eine Doppelstrategie anzuwenden und die Sprachen aus beiden Welten zu beherrschen.

Im Mittelstand (KMU)

Gutmenschen, die ein gewisses Maß an beruflichem Erfolg und ein Stück vom Wohlstandskuchen für sich beanspruchen wollen, finden in der Kategorie der klassischen Unternehmen sowohl in Managementpositionen als auch als MitarbeiterInnen gute Chancen. In Mitteleuropa fallen etwa 30 Prozent aller Firmen in das Segment der Unternehmen bis zu 50 MitarbeiterInnen. Dieses Arbeitsumfeld zeichnet sich dadurch aus, dass die Inhaber persönlich das finanzielle Risiko tragen und als Mehrheitseigentümer ihres Unternehmens zugleich Letztentscheider sind. Dadurch sind sie in der Lage, ihre Visionen eigenständig umzusetzen. Zum Mittelstand zählen unter anderem Gewerbe- und Handelsbetriebe, Freiberufler sowie Dienstleister der neuen Branchen wie Informationstechnologien, Medien, Weiterbildung und Gesundheit.

In einem solchen Unternehmen kann man sehr viel mehr Herz in die Arbeitsbeziehung einbringen als in einem Konzern. Ausschließliches Gutmenschen-Verhalten ist jedoch auch hier nicht Erfolg versprechend, weil der Mittelstand in einem harten Wettbewerb steht und von den MitarbeiterInnen den vollen Einsatz sowie pragmatische Sachlichkeit verlangen muss. In kleinen und mittleren Unternehmen (KMU) mit ihren langfristigen Beziehungen und breit gefächerten Aufgaben kann sich der Mensch eher als Ganzes einbringen. Hier findet man noch Handschlagqualität, Vertrauen und eine gewisse Fairness. Fehler werden leichter toleriert oder korrigiert und Lernen durch Erfahrung ist möglich, ohne dass gleich die Existenz gefährdet wäre.

Die Chancen für Gutmenschen, im Mittelstand ihr Glück zu finden, stehen dann gut, wenn sie über hohe Sozialkompetenz verfügen. Sie müssen mit den oft sehr persönlichen Konflikten der Eigentümerfamilie gut umgehen können, ohne sich völlig vereinnahmen zu lassen. Als Angestellter darf man nie vergessen, dass man letztlich kein Familienmitglied ist. Eine Karriere im Mittelstand bringt zwar ein geringeres Jahreseinkommen und weniger Prestige als im Konzern, dafür aber mehr Sicherheit und höhere Lebensqualität.

Als (Mikro-)UnternehmerIn

Der Trend zur Unternehmensgründung hält nicht zuletzt auch durch den Druck auf den Arbeitsmarkt unvermindert an. Den überwiegenden Anteil daran bilden sogenannte Einpersonen-Unternehmen, Ich-AGs und Initiativen zur Selbstbeschäftigung. Obwohl es in den Medien oft so dargestellt wird, sind sie nicht alle arme Scheinselbstständige, die in prekären Verhältnissen leben. Viele werden freiwillig UnternehmerInnen und haben gute Voraussetzungen für eine erfolgreiche Tätigkeit. Bei einem Großteil handelt es sich um konzern- oder institutionsmüde Gutmenschen, die unter den Bedingungen der *schönen neuen Welt* in den anderen Segmenten nicht mehr arbeiten wollten. Sie streben nach Freiheit, nach Selbstverwirklichung, nach einem partnerschaftlichen Umgang mit MitarbeiterInnen und Kunden. Um diese Qualitäten zu erreichen, lassen sie sich auf das finanzielle Risiko der Selbstständigkeit ein und nehmen die geringere soziale Absicherung (kein Kranken-, Urlaubs- oder Arbeitslosengeld) in Kauf. In Untersuchungen äußern sich die neuen UnternehmerInnen trotz hoher Arbeitsbelastung überraschend zufrieden. Die Statistik zeigt aber auch, dass etwa ein Drittel es nicht über das dritte Jahr hinaus schafft.

Wollen Gutmenschen als (Mikro-)UnternehmerInnen erfolgreich sein, dürfen sie ihre Ideale nicht zur Gänze durch Selbstausbeutung verwirklichen. Obwohl natürlich für den Aufbau eines Unternehmens jedenfalls ein Startkapital notwendig ist – entweder in Form von Geld oder von besonders hohem Zeiteinsatz –, bleibt es unerlässlich, von Anfang an auf die eigene Gesundheit und den Erhalt der privaten Beziehungen zu achten. Als (Mikro-)UnternehmerIn ist man selbst sein wichtigstes Produktionsmittel und dieses sollte man keinesfalls gefährden.

Zu bedenken ist, dass Unternehmertum nicht nur die kreative Umsetzung von Ideen bedeutet, sondern gleichermaßen betriebswirtschaftliche Kenntnisse verlangt. Das meint jedoch nicht, sich die überbordende Bürokratie, die heute mitunter von Beratern und Banken gefordert wird, aufhalsen zu lassen. Es heißt aber jedenfalls, das Verhältnis von Kosten, Umsatz und Gewinn ständig im Auge zu behalten. Wenn diese Grundsätze beachtet werden, bietet dieses Arbeitssegment für Gutmenschen ein hohes Maß an Befriedigung und durchaus auch materielle Erfolgschancen.

Für Menschen mit ausreichendem Selbstbewusstsein, Gestaltungswillen und finanziellen Möglichkeiten stellt der Weg in die Selbstständigkeit sehr wohl eine realistische Alternative zur Lebenswelt der Geld-Menschen dar. Viele der neuen UnternehmerInnen gehören einem neuen Typ an: Sie lehnen jede Art der sozialen oder ökologischen Ausbeutung ab und legen Wert auf ein menschliches Verhältnis zu allen Beteiligten. Diese neue Spezies könnte man als „öko-soziale UnternehmerInnen" bezeichnen. Sie brauchen keine künstlich verordnete Wirtschaftsethik, sie leben humanistische Prinzipien aus Überzeugung. Manche haben für sich die Regel aufgestellt, jede Rechnung innerhalb von drei Tagen zu bezahlen, andere gehen grundsätzlich keine Schulden ein und wieder andere teilen ihren Gewinn mit den daran Beteiligten.

Natürlich gelten auch für die neuen Unternehmer die Gesetze der *schönen neuen* Welt. Durch ihre wirtschaftliche Eigenständigkeit gelingt es ihnen jedoch, diese deutlich abzuschwächen. In diesem Segment besteht die Möglichkeit, Leistungs- und Herz-Beziehungen gleichermaßen im Berufsleben zu verwirklichen. Damit eröffnen sich für Gutmenschen überraschende Möglichkeiten, ihre ureigensten Werte auf dem ihnen ursprünglich nicht so vertrauten Terrain des Unternehmertums zu leben.

Ein hohes Maß an Lebensqualität

Wo auch immer Gutmenschen ihren Arbeitsplatz finden, werden sie mit den Spielregeln der *schönen neuen* Welt konfrontiert sein. Selbst bei starker Bindung an die eigenen Werte lässt es sich nicht vermeiden, mehr oder weniger vom Verhalten der Geld-Menschen selbst zu übernehmen. Bewusst oder unbewusst dient diese Anpassung dem wirtschaftlichen Überleben im neuen System.

Der Einsatz der entsprechenden Strategien kann daher im Berufsleben durchaus sinnvoll sein.

Im Privatleben ist die Situation hingegen anders zu bewerten.
Wollen Gutmenschen in diesem Bereich die Lebensqualität erhalten oder verbessern, dann müssen sie sich davor hüten, die Spielregeln der Geld-Menschen in ihren Herz-Beziehungen anzuwenden. Wer nur den eigenen Vorteil verfolgt, sich taktisch verhält
und seine Interessen einseitig durchsetzen will, wird bald Familie
und Freunde verlieren. Dieses Verhalten richtet in Herz-Beziehungen in jedem Fall schweren Schaden an. Nähe entsteht nicht
durch Kosten-Nutzen-Analysen, sondern durch Ehrlichkeit, Vertrauen, Gerechtigkeit, Toleranz, Verlässlichkeit und Gemeinschaftssinn. Dies sind Grundelemente des menschlichen Wesens,
deren Gültigkeit unverrückbar ist. Sie sind nicht abhängig von
den gesellschaftlichen Rahmenbedingungen, die durch die jeweils
herrschende Ideologie erzeugt werden.

Jene Eigenschaften, die den Gutmenschen das Berufsleben in
der *schönen neuen Welt* so oft erschweren, bilden eine wesentli-
che Basis für lebendige Beziehungen und Gemeinschaften. Ge-
sunde Herz-Beziehungen und die Grundwerte der Gutmenschen
haben viel gemeinsam. Ein Großteil der Gutmenschen hat Erfahrung mit Methoden der Kommunikation oder der Persönlichkeitsentwicklung. Diese stellen in Herz-Beziehungen ein un-
schätzbares Potenzial dar, dürfen jedoch nicht unreflektiert in
Leistungs-Beziehungen der *schönen neuen Welt* eingesetzt werden.

Wollen Gutmenschen die Lebensqualität in ihrem Privatleben
erhalten oder verbessern, dann müssen sie sich davor hüten, die
Spielregeln der Geld-Menschen in ihren Herz-Beziehungen anzuwenden. Umgekehrt bestünde eine große Chance für Geld-Menschen, ihre sozialen Beziehungen und ihre Gesundheit zu verbessern, wenn sie bereit wären, einige Werte und Verhaltensweisen
der Gutmenschen in ihr Leben zu integrieren.

Chancen auf eine bessere Welt

Die Spielregeln der *schönen neuen Welt* funktionieren in bestimmten Bereichen der Wirtschaft sehr gut und bringen für einige Menschen klare Vorteile. Für einen Großteil erschweren sie die Teilhabe am Wohlstand und an der gesellschaftlichen Entwicklung. Nach dem Befund der Gutmenschen verschlechtert sich ihre Lage unter dem Diktat des neoliberalen Systems von Reform zu Reform. Um im freien Wettbewerb zu bestehen – so lautet ja das Mantra der Geld-Menschen –, werden die monetären Vorgaben immer weiter nach oben und soziale Standards nach unten geschraubt. Die Auswirkungen dieses Systems sind bereits drastisch zu spüren – der Widerstand beginnt sich zu organisieren.

Eine Vielfalt an kritischen Organisationen der Zivilgesellschaft – von Greenpeace über Attac bis zum Netzwerk Grundeinkommen – gewinnt zunehmend an Bedeutung. Daneben arbeiten unzählige Vereine auf regionaler Ebene und formieren sich alternative Gruppierungen in den traditionellen Interessenvertretungen. Diese sich durch alle Schichten der Gesellschaft ziehenden Initiativen haben eines gemeinsam: Was immer ihnen in der *schönen neuen Welt* an Vorteilen versprochen wird, befriedigt sie nicht. Sie wollen in einem solchen Wertesystem nicht leben und arbeiten daher an den Voraussetzungen für eine bessere Welt. Das Problem besteht allerdings darin, dass es noch zu wenige sind, die sich engagieren, um einen tatsächlichen Machtwechsel zu erreichen. Viele Gutmenschen begnügen sich immer noch damit, ihre Frustration im engsten Freundeskreis zu beklagen oder am Arbeitsplatz sich selbst zu boykottieren.

Es waren Gutmenschen, die die Grundlagen für den europäischen Sozialstaat geschaffen haben. Diese Errungenschaften wurden von Menschen mit hohem persönlichen Einsatz erkämpft, als in der Folge der industriellen Revolution die ArbeiterInnen unter unmenschlichen Bedingungen ihr Leben fristen mussten – und diese Kämpfe waren nicht nur im übertragenen Sinne zu verstehen. Sie brachten die Akteure ins Gefängnis und forderten unzählige Todesopfer. Die Pioniere der Arbeiterbewegung erreichten ihre Ziele nur unter großen Opfern. Viele arbeiteten in Fabriken und Bergwerken unter extremsten Voraussetzungen, um sich danach noch politisch zu organisieren. Damit waren sie maßgeblich an einem Wertewandel beteiligt, der die Würde der arbeitenden Bevölkerung begründete, das Leid reduzierte und menschlichere Arbeitsbedingungen durchsetzte.

Gutmenschen haben auch heute das Potenzial, die herrschenden Machtverhältnisse zu ändern. Dies gelingt jedoch nicht mit Menschen, die, von ihren Illusionen geleitet, zahnlosen Maßnahmen das Wort reden. Will man wirklich etwas verändern, dann hilft kein Diskutieren und Jammern. Mehr Erfolg ist hingegen der Bereitschaft, tatsächlich für seine Ideale zu kämpfen, beschieden. Echte Protest-Beziehungen zeichnen sich durch wirkungsvolle Machtinstrumente aus, für die es allerdings kein Rezept gibt. Es erfordert in jedem Fall ein großes Maß an Macht-Kompetenz, um für sein Ziel in einer konkreten Situation die passende Strategie zu finden. Dazu gehört die Bereitschaft zur Versöhnung ebenso wie die Fähigkeit zur kontrollierten Eskalation.

Das Individuum kann gesamtgesellschaftliche Entwicklungen, die Konjunkturlage, die Verteilungsgerechtigkeit nicht kurzfristig und im Alleingang ändern. Politisches Engagement ist unabdingbar, denn in einer Demokratie darf der Satz: „Da kann man nichts machen" nicht gelten. Vielmehr würde eine nachhaltige Synchronisierung des Widerstandes sehr rasch Dynamik in das Geschehen bringen. Alte Gräben zwischen Arbeitnehmern und Unternehmern müssten überwunden und neue Allianzen der Gutmenschen geschmiedet werden. Jeder Machtwechsel braucht Menschen, die bereit sind, Zeit und Geld in neue Interessengemeinschaften, in politische Parteien oder Initiativen der Zivilgesellschaft zu investieren. Erst dann bestehen berechtigte Chancen auf eine bessere Welt.

Dank

Ich bedanke mich sehr herzlich bei allen Menschen, die mir ihre Erlebnisse und Gedanken anvertraut und mit mir lebhafte Diskussionen geführt haben. Ohne sie wären die Erkenntnisse über die Mechanismen der Macht nicht möglich gewesen.

Mein Dank gilt meiner Familie, meinen Freunden und Mitarbeitern sowie allen, die mich bei der Arbeit an diesem Buch ermutigt und unterstützt haben.

Serviceteil

Christine Bauer-Jelinek:
Die helle und die dunkle Seite der Macht.
Wien 2000.

Christine Bauer-Jelinek:
Business-Krieger. Überleben in Zeiten der Globalisierung.
Wien 2003.

Lehrgänge, Seminare, Vorträge, Coaching mit Christine Bauer-Jelinek www.macht-kompetenz.at

Weiterführende Literatur

Hintergrund der Gutmenschen (in etwa chronologisch)

Rousseau, Jean-Jacques (1712–1778): Der Gesellschaftsvertrag oder Prinzipien des Staatsrechts. Wiesbaden 2006.
Marx, Karl (1818–1883)/Engels, Friedrich (1820–1895): Das kommunistische Manifest. Eine moderne Edition. Mit einer Einleitung von Eric J. Hobsbawm. Hamburg/Berlin 1999.
Negt, Oskar/Sloterdijk, Peter (Hrsg.): Marx. München 1996.
Mao Tsetung (1893–1976): Worte des Vorsitzenden Mao Tsetung. Gelsenkirchen 1993.

Keynes, John Maynard (1883–1946): Allgemeine Theorie der Beschäftigung, des Zinses und des Geldes. Berlin 2000.

Polanyi, Karl August (1886–1964): The great Transformation. Frankfurt am Main 1995.

Marcuse, Herbert (1898–1979): Der eindimensionale Mensch. Studien zur Ideologie der fortgeschrittenen Industriegesellschaft. Neuwied 1967.

Reich, Wilhelm (1897–1957): Die sexuelle Revolution. Zur charakterlichen Selbststeuerung des Menschen. Frankfurt am Main 1982.

Bergmann, Uwe/Dutschke, Rudi/Lefevre, Wolfgang/Rabehl, Bernd: Rebellion der Studenten oder Die neue Opposition. Reinbek bei Hamburg 1968.

Teufel, Fritz/Langhans, Rainer: Klau mich. Frankfurt am Main 1968.

Edwards, Mark: Christiania: Versuche, anders zu leben. Reinbek bei Hamburg 1980.

Duhm, Dieter: Angst im Kapitalismus. Zweiter Versuch der gesellschaftlichen Begründung zwischenmenschlicher Angst in der kapitalistischen Warengesellschaft. Lampertheim 1975.

Nell-Breuning, Oswald von (1890–1991): Soziallehre der Kirche. Wien 1983.

Körtner, Ulrich H. J.: Evangelische Sozialethik. Grundlagen und Themenfelder. Göttingen 1999.

Kohr, Leopold (1909–1994): Das Ende des Großen. Zurück zum menschlichen Maß. Salzburg 2002.

Meadows, Dennis L./Meadows, Donella/Zahn, Erich/Millig, Peter: Die Grenzen des Wachstums. Bericht des Club of Rome zur Lage der Menschheit. Stuttgart 1972.

Jungk, Robert (1913–1995): Der Atom-Staat. Vom Fortschritt in die Unmenschlichkeit. München 1977.

Buschenreiter, Alexander: Unser Ende ist euer Untergang. Die Botschaft der Hopi und anderer US-Indianer an die Welt. Düsseldorf 1983.

Beauvoir, Simone de (1908–1986): Das andere Geschlecht. Sitte und Sexus der Frau. Reinbek bei Hamburg 2000.

Schwarzer, Alice: Der kleine Unterschied und seine großen Folgen. Frauen über sich. Der Beginn einer Befreiung. Frankfurt am Main 2002.

Butler, Judith: Das Unbehagen der Geschlechter. Frankfurt am Main 2003.

Bly, Robert: Eisenhans. Ein Buch über Männer. Berlin 1993.

Rohr, Richard: Der wilde Mann. Geistliche Reden zur Männerbefreiung. München 2000.

Neill, Alexander Sutherland (1883–1973): Theorie und Praxis der antiautoritären Erziehung. Das Beispiel Summerhill. Hamburg 2004.

Gandhi, Mahatma (1869–1948): Eine Autobiographie – Die Geschichte meiner Experimente mit der Wahrheit. München 1960.

Huxley, Aldous (1894–1963): Die Pforten der Wahrnehmung. München 1996.

Fromm, Erich (1900–1980)/Suzuki, Daisetz T. (1870–1966)/ Martino, Richard de: Zen-Buddhismus und Psychoanalyse. Frankfurt am Main 1972.

Watts, Alan (1915–1973): Das Tao der Philosophie. Frankfurt am Main 2004.

Leary, Timothy Francis (1920–1996): Politik der Ekstase. Linden 1982.

Basaglia, Franco (1924–1980): Die Entscheidung des Psychiaters. Bilanz eines Lebenswerkes. Bonn 2002.

Castaneda, Carlos (1925–1998): Die Lehren des Don Juan. Ein Yaqui-Weg des Wissens. Frankfurt am Main 1996.

Steindl-Rast, David (*1926): Fülle und Nichts. Die Wiedergeburt christlicher Mystik. München 1988.

Dalai Lama (*1935)/Piburn, Sidney (Hrsg.): Eine Politik der Güte. Schriften von und über das religiöse und politische Oberhaupt des tibetischen Volkes. Olten 1992.

Capra, Fritjof (*1939): Wendezeit. Bausteine für ein neues Weltbild. München 1987.

Trungpa, Chögyam (1940–1987): Weltliche Erleuchtung: Die Weisheit Tibets für den Westen. Freiamt 2002.

Ferguson, Marilyn: Die sanfte Verschwörung. Persönliche und gesellschaftliche Transformation im Zeitalter des Wassermannes. Basel 1982.

Hintergrund der Geld-Menschen
(in etwa chronologisch)

Locke, John (1632–1704): Zwei Abhandlungen über die Regierung. Frankfurt am Main 1995.

Smith, Adam (1723–1790): Der Wohlstand der Nationen. Eine Untersuchung seiner Natur und seiner Ursachen. München 2005.

Weber, Max (1864–1920): Die protestantische Ethik und der „Geist" des Kapitalismus. Herausgegeben und eingeleitet von Klaus Lichtblau/Johannes Weiß. Weinheim 1993.

Hayek, Friedrich August von (1899–1992): Der Weg zur Knechtschaft. München 2003.

Popper, Karl R. (1902–1994): Die offene Gesellschaft und ihre Feinde (2 Bände). Stuttgart 1992.

Rand, Ayn (1905–1982): Der Ursprung. Hamburg 2000.

Friedman, Milton (1912–2006): Kapitalismus und Freiheit. München 2004.

Rothbard, Murray N. (1926–1995): Die Ethik der Freiheit. St. Augustin 1999.

Hoppe, Hans-Hermann (*1949): Demokratie. Der Gott, der keiner ist. Waltrop 2003.

Aktuelle Diskussion (alphabetisch)

Altvater, Elmar: Das Ende des Kapitalismus, wie wir ihn kennen. Eine radikale Kapitalismuskritik. Münster 2005.

Barazon, Ronald: Kampf dem Kapitalismus. Salzburg 2006.

Beck, Ulrich: Risikogesellschaft. Frankfurt am Main 1986.

Beckerman, Wilfred: Ein Mangel an Vernunft. Nachhaltige Entwicklung und Wirtschaftswachstum. Berlin 2006.

Beigewum (= Beirat für gesellschafts-, wirtschafts- und umweltpolitische Alternativen): Mythen der Ökonomie. Anleitung zur geistigen Selbstverteidigung in Wirtschaftsfragen. Hamburg 2005.

Bischof-Köhler, Doris: Von Natur aus anders. Stuttgart 2002.

Blankertz, Stefan: Das libertäre Manifest. Über den Widerspruch zwischen Staat und Wohlstand. Grevenbroich 2001.

Boltanski, Luc/Chiapello, Ève: Der neue Geist im Kapitalismus. Konstanz 2003.

Chomsky, Noam: Profit over People. Hamburg 2000.

Creveld, Martin van: Das bevorzugte Geschlecht. München 2001.

Dahrendorf, Ralf: Auf der Suche nach einer neuen Ordnung. München 2003.

Droste, Wiglaf/Bittermann, Klaus: Das Wörterbuch des Gutmenschen (Band I–II). Berlin 1995.

Felber, Christian: 50 Vorschläge für eine gerechtere Welt. Gegen Konzernmacht und Kapitalismus. Wien 2006.

Friesen, Astrid von: Schuld sind immer die anderen! Die Nachwehen des Feminismus: frustrierte Frauen und schweigende Männer. Hamburg 2006.

Gaschke, Susanne: Die Emanzipationsfalle. Erfolgreich, einsam, kinderlos. München 2005.

Gehmacher, Ernst/Kroismayr, Sigrid/Neumüller, Josef/Schuster, Martina (Hrsg.): Sozialkapital. Neue Zugänge zu gesellschaftlichen Kräften. Wien 2006.

George, Susan: Change it. Anleitung zum politischen Ungehorsam. München 2006.

Hellinger, Bert: Ordnung in der Liebe. Heidelberg 2001.

Hengsbach SJ, Friedhelm: Die anderen im Blick. Christliche Gesellschaftsethik in den Zeiten der Globalisierung. Darmstadt 2001.

Henkel, Hans-Olaf: Die Ethik des Erfolgs. Spielregeln für die globalisierte Gesellschaft. München 2004.

Horx, Matthias: Smart Capitalism. Das Ende der Ausbeutung. Frankfurt am Main 2001.

Huffschmid, Jörg: Politische Ökonomie der Finanzmärkte. Hamburg 2002.

Hutton, Will/Giddens, Anthony (Hrsg.): Die Zukunft des globalen Kapitalismus. Frankfurt am Main 2001.

Kagan, Robert: Macht und Ohnmacht. Amerika und Europa in der neuen Weltordnung. Berlin 2003.

Kitzmüller, Erich/Büchele, Herwig: Das Geld als Zauberstab und die Macht der internationalen Finanzmärkte. Wien 2005.

Müller, Thomas: Gierige Bestie. Erfolg. Demütigung. Rache. Salzburg 2006.

Netzwerk Grundeinkommen und sozialer Zusammenhalt – Österreich/ Netzwerk Grundeinkommen – Deutschland (Hrsg.): Grundeinkommen – in Freiheit tätig sein. Berlin 2006.

Norberg, Johan: Das kapitalistische Manifest. Frankfurt am Main 2003.

Ogger, Günter: Nieten in Nadelstreifen. Deutschlands Manager im Zwielicht. München 1996.

Rifkin, Jeremy: Der Europäische Traum. Die Vision einer leisen Supermacht. Frankfurt am Main 2004.

Sennett, Richard: Der flexible Mensch. Die Kultur des neuen Kapitalismus. Berlin 1998.

Uexküll, Jakob von/Girardet, Herbert: Die Zukunft gestalten – die Aufgaben des Weltzukunftsrates/World Future Council. Bielefeld 2005.

Wagenknecht, Sahra/Jahns, Joachim (Hrsg.): Die Mythen der Modernisierer. Querfurt 2001.

Walpen, Bernhard: Die offenen Feinde und ihre Gesellschaft. Eine hegemonietheoretische Studie zur Mont Pelerin Society. Hamburg 2004.

Weiss, Hans/Schmiederer, Ernst: Asoziale Marktwirtschaft. Insider aus Politik und Wirtschaft enthüllen, wie die Konzerne den Staat ausplündern. Köln 2004.

Verhaltenstechnik

Beck, Gloria: Verbotene Rhetorik. Die Kunst der skrupellosen Manipulation. Frankfurt am Main 2005.

Berckhan, Barbara: Die etwas gelassenere Art, sich durchzusetzen. München 1995.

Daborn-Doering, Christine: Kam, sah und siegte – Klasse ist lernbar. Zürich 2001.

Eicher, Hans: Die geheimen Spielregeln im Verkauf. Wissen, wie der Kunde tickt. Frankfurt am Main 2006.

Fisher, Roger/Ury, William L./Patton, Bruce: Das Harvard-Konzept. Sachgerecht verhandeln – erfolgreich verhandeln. Frankfurt am Main 2000.

Hierhold, Emil/Laminger, Erich: Gewinnend argumentieren. Wien 1995.

Hinterberger, Fritz/Karner, Gerald: Das Prinzip Führung. Abschied vom „Mythos" Motivation. Salzburg 2004.

Lay SJ, Rupert: Dialektik für Manager. Methoden des erfolgreichen Angriffs und der Abwehr. München 2001.

Mayer, Robert: Der Verhandlungskünstler. Wien 1998.

Mayrhofer, Wolfgang/Meyer, Michael/Steyrer, Johannes (Hrsg.): Macht? Erfolg? Reich? Glücklich? Einflussfaktoren auf Karrieren. Wien 2005.

Ötsch, Walter O./Lehner, Johannes M.: Jenseits der Hierarchie. Status im beruflichen Alltag aktiv gestalten. Weinheim 2006.

Pöhm, Matthias: Nicht auf den Mund gefallen. So werden Sie schlagfertig und erfolgreicher. Landsberg am Lech 1998.

Rosenberg, Marshall B.: Gewaltfreie Kommunikation. Eine Sprache des Lebens. Paderborn 2005.

Schäfer-Elmayer, Thomas: Der Business Elmayer. So verbinden Sie Karriere mit Stil. Salzburg 2007.

Schulz von Thun, Friedemann: Miteinander reden (Band 1–3). Hamburg 1981–1998.

Watzlawick, Paul: Vom Schlechten des Guten oder Hekates Lösungen. München/Zürich 1986.

Weidner, Jens: Die Peperoni-Strategie. So setzen Sie Ihre natürliche Aggression konstruktiv ein. Frankfurt am Main 2005.

Wieseneder, Susanna: Reputationsmanagement. Erfolgreich, weil Ihr persönliches Image stimmt. München 2006.

Zimmermann, Hans-Peter: Großerfolg im Kleinbetrieb. Wie man einen Betrieb mit 1 bis 40 Mitarbeitern zum Erfolg führt. München 2003.

>>Business-Etikette mit Thomas
Schäfer-Elmayer – tadelloses Auftreten,
zeitgemässe Kommunikationskultur, Top-
tipps für internationale Beziehungen<<

TREND

Thomas Schäfer-Elmayer

Der Business Elmayer
So verbinden Sie Karriere mit Stil

376 Seiten
Gebunden mit Schutzumschlag

ISBN: 978-3-902404-42-8

*Wie kommt man in ein Unternehmen, wie verhandelt man
erfolgreich, wie sagt man jemandem seine Meinung, und wie
überlebt man eine Firmenfeier? Sparen Sie die Hälfte Ihrer
Energie und wirken Sie doppelt so gut!*
*Ihre Performance im Business hängt wesentlich davon ab,
ob Sie die Signale und Botschaften der Business-Etikette entschlüsseln und gekonnt für sich einsetzen. Von der Bewerbung
bis zur Konzernspitze: „Benimm-Papst" Thomas Schäfer-
Elmayer beantwortet in diesem umfassenden und top-
aktuellen Business-Ratgeber alle Ihre Fragen – auch solche,
die Sie zu stellen noch nicht gewagt haben.*

SPANNEND.
www.ecowin.at

VERZWEIFLUNG, ANGST, AGGRESSION.
DER ARBEITSPLATZ ALS TATORT

Thomas Müller

Gierige Bestie.
Erfolg. Demütigung. Rache.

200 Seiten
Gebunden mit Schutzumschlag

ISBN: 978-3-902404-32-9

Am 10. Mai 2005 begann um 21:06 Uhr auf der Nordseite der Pont de la Machine, jener kleinen Eisenbrücke, die faktisch den Genfersee von der Rhône abtrennt, eine Verhandlung, in der es um das Schicksal von tausenden Menschen ging. Es ging um Informationen, die in die falschen Hände geraten waren und die unter gar keinen Umständen an die Öffentlichkeit gelangen durften. Knapp 2 Stunden später, am südlichen Ende der Brücke, endete das Gespräch in einem Desaster. Ab diesem Zeitpunkt blieben dem Kriminalpsychologen noch wenige Minuten, um jenes Gesetz zu finden, welches einen gekränkten, gedemütigten, verbitterten und hasserfüllten, hervorragend ausgebildeten EDV-Techniker davon abbringen konnte, eine Bombe zu zünden, die mit Sicherheit in mehreren Staaten zu gesellschaftlichen Veränderungen geführt hätte.

SPANNEND.
www.ecowin.at

WO GIFTKÜCHEN BRODELN. SCHWARZE RHETORIK IN WIRTSCHAFT UND POLITIK

Lothar Kolmer

Die Kunst der Manipulation

180 Seiten
Gebunden mit Schutzumschlag

ISBN: 978-3-902404-29-9

Was lässt Sie denn so sicher sein, dass Sie immer die beste Wahl treffen und tatsächlich frei entscheiden? Können Sie mit Bestimmtheit sagen, nicht Opfer raffinierter Werbe- und Politstrategen geworden zu sein? Sind Sie Werbung gegenüber immun oder hören auch Sie auf „Geiz ist geil" und „Hier bin ich Mensch. Hier kauf ich ein"? Die raffinierten Strategen der rhetorischen Giftküchen in Wirtschaft und Politik nützen unsere Orientierungslosigkeit schamlos aus, würzen noch heftig nach und entmündigen mit gefinkelten Tricks uns Konsumenten und Wähler. Fast nach Belieben steuern sie schon uns und unser Verhalten. Beschreiten Sie mit einem Experten den dunklen Weg der Manipulation und lernen Sie von den Meistern dieser „Kunst"!

SPANNEND.
www.ecowin.at

DER KAPITALISMUS WURDE ZUR WIRTSCHAFTSRELIGION UND FÜHRT UNWEIGERLICH IN DIE KATASTROPHE

Ronald Barazon

Kampf dem Kapitalismus

224 Seiten
Gebunden mit Schutzumschlag

ISBN: 978-3-902404-30-5

Den Arbeitslosen, den Verlierern der Leistungsgesellschaft und den nochmal 20 Millionen an der Armutsgrenze reicht es. Was ist los in Europa? Hat doch die EU sich dem Kapitalismus, dem totalen Wettbewerb verschrieben, der sich als das beste Wirtschaftssystem erwiesen hat – und dieses Ergebnis? Aber: Die Weltwirtschaft insgesamt wächst wie noch nie, und dieses Ergebnis ist dem Kapitalismus zu danken. Die USA, die Heimat des Kapitalismus, haben anhaltend das stärkste Wachstum und eine geringe Arbeitslosigkeit. Der Kapitalismus sorgt für einen Aufschwung im kommunistischen China, in Osteuropa, in Südamerika. Und trotzdem „Kampf dem Kapitalismus"? Der Kapitalismus wurde zur Wirtschaftsreligion, ähnlich wie früher der Marxismus, und führt unweigerlich in die Katastrophe. Das Buch zeigt die Alternativen auf.

SPANNEND.
www.ecowin.at